大学生就业创业心理研究

黄耀宇　王琨媛　冯立刚　著

中国纺织出版社有限公司

内 容 提 要

本书以就业创业的主体步骤为主线，以培养大学生良好心理素质为目的，从心理学视角分析论述了求职应聘、创业过程中大学生的心理特征并提出了具体的应对策略。本书内容分为就业创业前心理教育、就业心理教育、创业心理教育三大部分，共十二章。

图书在版编目（CIP）数据

大学生就业创业心理研究／黄耀宇，王琨媛，冯立刚著. --北京：中国纺织出版社有限公司，2020.11（2022.8重印）
ISBN 978-7-5180-7959-9

Ⅰ. ①大… Ⅱ. ①黄… ②王… ③冯… Ⅲ. ①大学生—就业—心理辅导—研究 Ⅳ. ①G647.38

中国版本图书馆CIP数据核字（2020）第192293号

责任编辑：江　飞　　责任校对：王蕙莹　　责任印制：储志伟

中国纺织出版社有限公司出版发行
地址：北京市朝阳区百子湾东里A407号楼　邮政编码：100124
销售电话：010—67004422　传真：010—87155801
http：//www.c-textilep.com
中国纺织出版社天猫旗舰店
官方微博http://weibo.com/2119887771
佳兴达印刷（天津）有限公司印刷　各地新华书店经销
2020年11月第1版　2022年8月第2次印刷
开本：710×1000　1/16　印张：15
字数：204千字　定价：58.00元

序　言

激发大学生就业与创业的心理动力

中国特色社会主义新时代，“大众创业，万众创新”的理念深入人心，大学生的就业创业问题更加引人关注。对大学生进行系统化的就业教育、创业教育已经成为各高校的必然选择。作为就业教育、创业教育的参与者深感责任重大，通过自身不断努力，求取就业教育、创业教育的良好效果是所有教育者的任务。

编著这部教材的直接缘由，是就业教育和创业教育工作的实际需要。基于多年的就业教育从业经验，就业政策、就业技巧的传播对笔者早已不是问题；新近开始的创业教育，创业知识的传播同样不是困难。在教育实践中，教育者们所困惑的是大学生的知识怎样才能转化为行动，本书就是解答这个疑惑的一次探索，即通过结合大学生就业与创业的基本环节，把握其中关键步骤，开展就业、创业的体系化心理教育，激发大学生就业与创业的心理动力。

这本《大学生就业创业心理研究》以就业创业的主体步骤为主线，以培养大学生良好心理素质为目的，从心理学视角分析论述了求职应聘、创业过程中大学生的心理并提出了具体的应对策略。本书内容分为就业创业前心理教育、就业心理教育、创业心理教育三大部分，共十二章。本书由河北工程大学学工部的黄耀宇负责设计提纲和统筹定稿，并负责绪论和第一章至第六章，河北工程大学马克思主义学院冯立刚负责了第七章到第十章，河北工程大学马克思主义学院王琨媛负责第十一章和第十二章。本书既可以作为就业指导与创新教育的配套教材使用，也可作为一般读物为即将毕业的大学生和其他年级的大学生提供实用性知识。

本书写作过程中，参考了大量相关文献资料，尤其本书中所列案例均引用自互联网，在此向有关作者表示谢忱。

由于我们的能力水平有限，再加上就业心理教育、创业心理教育的探索还处于起步阶段，在内容观点上难免会存在一些不足，敬请读者批评指正。

黄耀宇　王琨媛　冯立刚

2020年6月

目 录

下　篇　创业心理教育

绪 论

大学生是宝贵的人才资源，大学生的就业创业问题始终是党和政府以及全社会关注的焦点。帮助大学生就业，鼓励大学生创业，是我国严峻的就业形势下一直坚持的政策取向。不管大学生就业创业问题多复杂，最终都是由个体大学毕业生承担，每一个大学生个体都是面对压力、解决问题的“第一责任人”。他们在就业或创业过程中的心理状态，会影响到问题解决的效能。

人们在面对问题时，总会有着相应的心理状态。就业还是创业，是大学生接受完高等教育后面临的最终选择。尤其是大学生就业形势严峻的情况下，无论选择就业或创业，在心理状态上都必然有一个转变、适应的过程，这一过程中问题解决的好坏，固然与整体社会形势有关，更主要与自我的心理状态有关。

在面对严峻的就业压力和创业的种种困难的过程中，加强大学生就业创业心理教育是增强个体大学生抗压能力，促进大学生就业的重要措施之一。

一、厘清基本概念

概念是建构理论的基础，基本概念内涵不确定，理论大厦就没有牢固的基础。对大学生进行就业创业心理教育，首先必须明白什么是就业心理、什么是创业心理。

（一）就业心理

就业心理是对就业环境和自我意识存在的认知，本书中就业心理指与求职应聘各环节相关的心理状态。

分析这一概念时我们需要把握如下几点：一是就业心理与就业环境密切相关，对于不同的个体来说，微观的就业环境各不相同，这与所学专业、毕业学校以及家庭背景都有关系，因此对大学毕业生进行心理教育时除了要注重整体性、一般性的问题之外，还应更多结合学生实际进行个性化教育和一对一的帮扶指导；二是平衡就业心理与自我意识的关系，大学生从年龄上是成年人，自我意识已经十分明确，价值观基本确立。在就业时，面对各类问题有自己的判断标准，所产生问题是如何协调自我意识与他人意见及建议。因为大学生在处理就业问题时，还不是完整意义上的“社会人”，他们想问题解决问题的角度和方法难免会存在潜在的隐患。平衡大学生自我意识与他人经验、建议及意见，需要每一个个体在心理状态上进行调整，以达到主观与客观相符合；三是评估就业环境和评价自我的方法。人职相匹配，不仅是社会所希望看到的，也是个体就业的理想状态。达到这一目标的前提，需要正确认识就业环境、正确认识自我。这就涉及评估就业环境的方法与认识自我的方法。

（二）创业心理

创业心理是指对创业认知以及在创业谋划、实施过程中，创业者对创业过程中的问题及困难的感受以及应对心态，创业者与创业环境、创业团队和相关社会机构的互动在个体心理上的反映。

理解这一概念，需要把握如下几点：一是创业心理是创业者的主观感受，虽然是客观现实的反映，但更与创业者自身的心理素质有关。有些问题或困难会影响某些创业者心理，而对其他创业者不是问题。因此创业心理会有个体差异，而本书讨论则是一般问题；二是创业牵涉的要素非常之多，创业者的心理状态会随时受到外在世界的影响，笔者坚持问题导向，重点介绍梳理的是影响创业者心理基本问题；三是创业是一个复杂过程，其中创业者心理必然也会有一个逐步变化的过程，本书中所谈的创业心理重点是讨论创业者在创业初期遇到的各类心理问题，对于创业者的事业正式运作过程中的心理问题不做探讨。

（三）就业指导与就业创业心理教育

大学生就业创业心理教育应放在高校就业指导总体规划下进行。就业指导是高校的常态化工作，就业创业心理教育应在此背景下谋划实施，避免脱离就业实际，单纯搞理论认知教育。要避免用笼统的就业指导替代就业创业心理教育的倾向。就业指导是一个概括性的概念，它涵盖了心理教育的内容。一般意义上的就业指导，或者说谈心式的交流，并不能从根本上满足被指导者的心理需求。就业创业心理教育具有明显的专业性和突出的指向性，需要就业指导人员接受专业的心理咨询训练才能进行。

此外，就业指导具有团体性特点，但也不能忽视就业创业心理教育的个体性。就业指导解决大学毕业生的共性问题，团体性特点突出，通俗点说就是就业指导可以“班级授课”，从而有效率地解决问题。而个体是就业创业的最终承担者，就业创业心理教育应突出个体心理需求的满足。

二、就业创业心理教育的必要性与重要性

（一）就业创业心理教育的必要性

就业创业心理教育之所以必要，是因为时代变迁，社会对大学生群体的认知已经变化了，大学生群体自身随着时代发展也在变化。

从人们对大学生群体的认识看，对于大学生群体的认识逐步从“天之骄子”向“普通劳动者”转变。我国高等教育事业从1999年开始了大众化历程，经历十几年来的不断扩招，精英式的教育在大部分高校已经成为历史，大学生不再是这个社会上的“稀缺资源”，大学生的自身优越性逐步被有知识的劳动者心态所取代。其次，相较于严峻的就业形势，面对激烈的竞争，大学生就业创业时的信心不足。同时，由于长期在校园中生活，大学生与社会人员打交道的能力同复杂的就业创业过程相比还有待提高，这一提高过程既是个人能力提高，也是心理调整的过程。最后，传统上重理论轻实践的惯性使得大学培养的学生在专业技能方面与就业岗位技能要求相脱节，大学生带给用人单位的印象是“眼高手低”的情形较多，这让大学生群体容易在就业创业过程中遇到诸多挫折，这种挫折感反映在就业创业过程中的心理状态上，如果个体抗挫折能力不强，在特定条件下会形

成心理障碍或心理问题。

他们成长于改革开放发展最为迅速的时代，国家的逐步强大，个体家庭的物质富裕，为他们提供了良好的生活条件。结合中国人的传统文化，对于大部分大学生群体来说，就业的生存指标意义不是很大，生活指标的意义更为突出。就业是为了更体面的生活，这是许多接受高等教育大学生潜意识中的想法，从这个角度说，就业攀比也就成了大学毕业生群体中的“流行病”，这山望着那山高，很容易让他们在选择中迷失自我。做好就业创业心理教育，让学生以更理性、更务实的态度，调节现实与理想、环境与期望之间的关系，既可以促进就业率的提高，也可以让大学生毕业生避免因为现实与期望的差距产生不良心理。

（二）就业创业心理教育的重要性

心理教育是大学生在就业创业过程中心理健康的保证。从大学生面对的就业形势看，2010年以来，我国每年毕业的大学生都在600万以上，就业竞争压力十分突出。这必然给大学生带来心理上的焦虑感和不确定感，需要心理教育进行引导，才能使大学生更好地应对挑战。从就业与创业过程看，就业与创业都是十分复杂的过程，个体是其中的绝对主角，个体的心理状态是应对这一复杂过程的基础。在长期的校园生活中，大学生对社会的认知具有零散性、理想化的特点，当他们真正独自面对应聘或创业各个环节的时候，心理上受到冲击也是一种必然。调整自身的心理状态，个体的努力是一方面，心理教育也是重要措施。对于每一个大学生个体来说，在就业或创业过程中，遇到的具体问题多种多样，但背后的心理状态会有共同的规律，心理教育能够帮助解决这些共性问题。

心理教育为大学生应对复杂就业问题提供精神动力。就业过程是具体问题解决的过程，都伴随着一定的心理状态。问题解决不完全是技术问题，还是心理动力支撑的结果。面对复杂的就业形势中的复杂问题，心理教育可以缓解大学生的心理焦虑，并有效帮助他们解决与此相伴随的心理问题。通过就业心理教育，能够帮助大学生在解决面对复杂问题时，及时调整心理状态，激发起解决问题的心理动力。

心理教育可以激发大学生创业的成就动机。创业是一个艰苦且充满风险的过程，在大众创业，万众创新的背景下，创业成为了大学生的一个选项。毫无疑问，缺乏社会经验的大学生，把创业作为自己的选择需要足够的勇气，这种勇气既来源于自我认知，更来自强烈的意愿。不论自我认知还是强烈创业意愿的激发，都需要有效的心理教育作为支撑。成就动机代表大学生对创业成功的一种渴望，成就动机越强，其面对创业风险时，解决问题的意志力就越强。

三、高校就业创业心理教育的实施路径

（一）学校就业服务部门的努力

高校就业服务部门掌握着大量资源，在就业指导工作框架下，谋划实施就业创业心理教育有着得天独厚的优势。应该说，在就业服务部门的就业指导中落实就业创业心理教育，渠道畅通。现在的重点是，如何在就业指导中突出就业创业心理教育。虽然就业创业心理教育属于就业指导工作内容，但在现实运作中就业创业心理教育笼统与就业政策宣教、就业信息服务融合在一起，导致就业创业心理教育的目的性、指向性并不明显，容易形成重视解决实际问题，忽视学生心理影响的倾向。

谋划实施就业创业心理教育，学校就业服务部门首先要转变观念，在就业指导中重视就业创业心理教育，在就业指导课程内容上对就业创业心理教育进行系统化、规范化；其次在为学生提供各种就业服务时，把解决学生就业问题与塑造学生积极、健康的心理结合起来，坚持以人为本；最后，与学校的心理咨询相结合，实时把控学生就业创业心理问题，并与学生在就业创业过程中遇到的实际问题结合起来进行解决。

（二）高校辅导员的引导

在高校，辅导员是管理学生、服务学生、教育学生的主要群体 。他们

作为学生的引路人，对学生影响较大。这一群体的思想境界和观念，影响到教育指向。在就业指导整个工作体系中，辅导员的作用最直接。从高校学生管理运行体系看，个体大学生在就业或创业过程中心理状况最容易反馈到辅导员那里。作为掌握第一手材料的辅导员，以帮助解决实际就业问题为契机，能够及时进行就业创业心理教育，具有学校内其他角色不可替代的作用。

进行有效的就业创业心理引导，辅导员群体自身应进行系统的就业创业心理教育培训，掌握心理教育的基本理论和基本方法；要利用密切接触学生的优势，采用现代社会调查方法实时采集学生在就业创业过程中的心理状况信息，利用理论及时分析，及时解决问题；把握好学生问题的公开性与保密性之间关系。辅导员面对学生是一对多的关系，在进行心理教育时，对于共性问题要发挥公开性，对于个体性问题应注意隐私保护。

（三）就业指导课程教学的影响

许多高校都设立了就业指导课程，对学生从一年级到四年级进行分阶段、系统化的就业指导，就业创业心理教育作为其中的一个部分也在进行。除了前文中曾提出的就业创业心理教育内容不够突出外，在现有的就业创业心理教育内容中，针对就业心理障碍或创业心理障碍，对学生心理素质培养以及问题解决的方法探讨不够深入。

以就业指导课程为途径，进行就业创业心理教育，一方面在课程内容上，进行改革，对就业创业心理教育进行梳理，并形成相对完整的教学体系；另一方面，对承担该门课程的教师进行相关培训，提高自身知识、教学、科研水平，之所以强调这一点，是因为许多高校中就业指导课教师多为就业服务人员或辅导员，专业背景各不相同，心理教育对大部分人来说是一个新领域，需要进行培训。

上 篇

就业创业前心理教育

就业或创业都意味着寻找职业。了解心理与职业选择的关系，十分必要。每个个体都是特殊的个人，因自身成长经历不同会形成不同个性。认知自我是一切心理状态的逻辑起点，这个自我不是抽象自我，而是与性格、兴趣联系的自我，是与家庭环境联系的“我”，这样的“我”适合什么样的职业，需要在心理学层面予以把握。而情绪作为一种即时性心理状态，将影响到就业或创业过程的成败，因此大学生作为成人更应该管理好情绪。此外，影响就业创业的心理还有多重因素，除了国家政策外，还有多重社会因素，都需要在就业或创业前在心理学层面予以认知。

第一章　认识自我

萨特说："我们的决定决定了我们。"可是我为什么会做出这样的选择而放弃其他选择？影响我就业或创业过程中主要因素有哪些？这些都与"我"有着不可分割的关系。现实中，理论上"我"始终是一切问题解决的起点，苏格拉底把"认识你自己"作为自己的哲学宣言，弗洛伊德又把人的状态分为本我、自我、超我，认识自我。了解自我，才能理解自己决定或选择的原初逻辑，才能更好地避免失误。

择业或创业，是人生的重大抉择，任何大学生都应该慎重对待，认识自我是择业创业前的必要准备。马克思主义认为，人的本质不是单个人所固有的抽象物，在其现实性上，它是一切社会关系的总和。在就业创业心理教育视野中，认识自我，亦从关系维度入手，重点探讨自我的性格、兴趣、家庭背景与就业创业的关系。

第一节　人格与职业

有位美国记者采访晚年的投资银行一代宗师J. P. 摩根，问："决定你成功的条件是什么？"老摩根毫不掩饰地说："性格。"记者又问："资本和资金何者更为重要？"老摩根一语中的答到："资本比资金重要，但最重要的是人格。"

在选择职业时，人格同样是重要因素之一。甚至有部分学者认为人格决定职业。从认知自我的心理学角度看，人格是影响职业选择的第一要素，起着基础性作用而不是决定性作用，因为社会中的"自我"受着多重社会关系的规范，决定选择的除了个人因素外，社会环境所提供的条件尤为重要。

一、人格的内涵及特点

在普通心理学和应用心理学领域内，性格是人格的组成部分之一。关于人格，心理学界的定义非常多，其中共通的内涵就是它是个体不同于其他个体独特性心理品质，它可以通过外在的行为表现出来。具体而言，性格指一个人在生活中各个时间段、各类事件情境中思考和处理问题的独特行为模式，更多体现了人格的社会属性。它以个体的生理素质为基础，以家庭教养为关键，以个体和社会各种要素的互动为主要途径，逐步形成的自我独特的个性表现。

人格首先具有独特性。即使是同卵双胞胎，许多社会关系一致或相似，也不影响他们个体性格的独特性。其次，人格在一定阶段具有极强的稳定性，不管个人在生活或工作中遇到什么样的问题，个人的应对行为模式相对固定。

二、人格与职业选择的关系

人格是进行职业选择考虑的重要因素。人格是否与职业相匹配在一定程度上影响着职业成就。从择业的最终目的出发，工作是为丰富人生，给人生添墨加彩而存在的，并非只是为了满足个人的生存需要。工作是人生价值的体现方式之一，通过工作，人们可以实现自己的价值，寻找到生命的意义。尽可能选择与自己人格相合的职业，才能为自己的工作与人生和谐奠定基础。职业没有好与坏，只有是否与自身的人格和才能相匹配。一个适合自己的职业能够表现自身的个性与天赋，只有在适合自己的职业岗位上工作才能够充分地调动自身的才能。

每个人在选择职业的时候都应该花些时间去考虑自己是什么样的人，自己拥有什么样的人格，适合做什么样的工作，只有这样才能够在自己的职业生涯中确立明确的目标，不致使自己整日浑浑噩噩。我们难以想象假使让一个性格暴躁的人去做公关或者服务工作，让性格怯懦的人去搞刑侦破案，让马马虎虎的人去做医生或者财会工作会造成怎样严重的后果。每个人都有自身的长处和短处，我们在职业选择中所要做的就是扬长避短，发挥自身最大的优势。

同时，我们也不能形而上地认为只要人格不适合职业，就不能取得职业成就。尽管我们强调人与职业相匹配，但现实中职业选择要考虑的因素十分复杂。并不是人人都可以只依据人格选择职业，上述论述中人格影响职业也只能是较为理想的状态。从心理学角度说，人格具有稳定性，但不是不能改变。职业活动的磨练，能够改变人的人格。在长期的职业生活中，会形成职业人格。

三、人格理论与职业选择

如何认识人格？心理学理论上相对成熟，主要有类型论与特质论两大理论流派。此外，还有MBTI帮助认知人格等实用性、流行性比较强的理论。通过这些理论认知人们的人格，可以为我们在职业选择时提供参考。

（一）类型论与职业选择

世界上的人千千万万，每一个人都有独特的人格。但这并不排斥心理学理论总结人的共同性，确立理想类型来帮助我们认识人格。所谓类型论指心理学通过不同人格取向类型对个体进行分类。这种类型论也叫作气质论。

这一理论最早起源于古希腊的希波克拉底的体液说。体液说认为每个人身上都有血液、黏液、黄胆汁和黑胆汁四种体液。这四种体液调和，人就健康；不调和，人就要生病。这四种体液在不同人身上的比例是不一样的，因此人们的行为方式也不同。有的人主动、活泼，对外界反应迅速，情绪兴奋性高，具有外向性；有的人精力充沛，情绪兴奋性高而强烈；有的人动作迟缓、反应速度慢，具有内向性；有的人既不主动、活泼，对外界刺激反应也不强烈等。希波克拉底五百年之后的罗马医生盖伦进一步确定了气质类型，他把人分为多血质的人、胆汁质的人、黏液质的人和抑郁质的人。气质本身并无好坏之分，每种气质都有积极和消极的一面。

1. 气质的测定

下面的60道题可以帮助你大致确定自己的气质类型。在回答这些问题时，你认为很符合自己情况的记2分，比较符合的记1分，介于符合与不符合之间的记0分，不太符合的记–1分，完全不符合的记–2分。请回答：

（1）做事力求稳妥，不做无把握之事。

（2）遇到可气的事就怒不可遏，想把心里话全说出来才痛快。

（3）宁肯一个人干事，不愿很多人在一起。

（4）到一个新环境很快就能适应。

（5）厌恶那些强烈的刺激，如尖叫、噪音、危险镜头等。

（6）和人争吵时，总是先发制人、喜欢挑衅。

（7）喜欢安静的环境。

（8）善于和人交往。

（9）羡慕那种善于克制自己感情的人。

（10）生活有规律，很少违反作息制度。

（11）在多数情况下情绪是乐观的。

（12）碰到陌生人觉得很拘束。

（13）遇到令人气愤的事，能很好地自我克制。

（14）做事总是有旺盛的精力。

（15）遇到问题常常举棋不定，优柔寡断。

（16）在人群中从不觉得过分拘束。

（17）情绪高昂时，觉得什么都有趣；情绪低落时，又觉得什么都没有意思。

（18）当注意力集中于一事物时，别的事物很难使你分心。

（19）理解问题总比别人快。

（20）遇到危险情景时，常有一种极度恐怖感。

（21）对学习、工作事业怀有很高的热情。

（22）能够长时间做枯燥、单调的工作。

（23）符合兴趣的事情，干起来劲头十足，否则就不想干。

（24）一点小事就能引起情绪波动。

（25）讨厌做那种需要耐心、细致的工作。

（26）与人交往不卑不亢。

（27）喜欢参加热烈的活动。

（28）喜欢感情细腻、描写人物内心活动的文学作品。

（29）工作学习时间长了常感到厌倦。

（30）不喜欢长时间谈论一个问题，愿意实际动手干。

（31）宁愿侃侃而谈，不愿窃窃私语。

（32）别人说我总是闷闷不乐。

（33）理解问题常比别人慢些。

（34）疲倦时只需短暂休息就能精神抖擞，重新投入工作。

（35）心里有话，宁愿自己想，不愿说出来。

（36）认准一个目标就希望尽快实现，不达目的，誓不罢休。

（37）学习、工作同样一段时间后，常比别人更疲倦。

（38）做事有些莽撞，常常不考虑后果。

（39）老师或师傅传授新知识、技术时，总希望他讲慢些，多重复几遍。

（40）能够很快地忘记那些不愉快的事情。

（41）做作业或完成一件工作总比别人花的时间多。

（42）喜欢运动量大的剧烈体育活动，或参加各种文艺活动。

（43）不能很快地把注意力从一件事转移到另一件事上去。

（44）接受一个任务后，就希望把它迅速解决。

（45）认为墨守成规比冒风险强些。

（46）能够同时注意几件事物。

（47）当烦闷的时候，别人很难使你高兴起来。

（48）爱看情节起伏跌宕、激动人心的小说。

（49）对工作抱认真严谨、始终一贯的态度。

（50）和周围的人的关系总是处理不好。

（51）喜欢复习学过的知识，重复做已经掌握的工作。

（52）希望做变化大、花样多的工作。

（53）小时候会背的诗歌，似乎比别人记得更清楚。

（54）别人说你“出语伤人”，可你并不觉得这样。

（55）在体育活动中，常因反应慢而落后。

（56）反应敏捷，头脑机智。

（57）喜欢有条理而不甚麻烦的工作。

（58）老师讲新概念，常常听不懂，但是弄懂以后就很难忘记。

（59）兴奋的事常常使你失眠。

（60）假如工作枯燥无味，马上就会情绪低落。

确定气质类型的方法如下：

（2）、（6）、（9）、（14）、（17）、（22）、（27）、（31）、（36）、（38）、（42）、（48）、（50）、（54）、（58）以上15题是胆汁质的得分。

（4）、（8）、（11）、（16）、（19）、（23）、（25）、（29）、（34）、（40）、（44）、（46）、（52）、（56）、（60）以上 15题是多血质的得分。

（1）、（7）、（10）、（13）、（18）、（22）、（26）、（30）、（33）、（39）、（43）、（45）、（49）、（55）、（57）以上15题是黏液质的得分。

（3）、（5）、（12）、（15）、（20）、（24）、（28）、（32）、（35）、（37）、（41）、（47）、（51）、（53）、（59）以上15题是抑郁质的得分。

如果某一项得分在20分以上，则为典型的该种气质；如果某两项或三项之间相差不超过5分，则为这几种混合气质，略倾向于分值高的选项。

2. 各气质类型的职业选择倾向

（1）多血质类型的职业选择倾向

多血质的人行动具有很高的反应性。这类人情感和行为动作发生得很快，变化得也快，但较为温和；语言具有表达力和感染力，姿态活泼，表情生动，有明显的外倾性特点；机智灵敏，思维灵活，但常表现出对问题不求甚解；注意与兴趣易于转移，不稳定；在意志力方面缺乏忍耐性，毅力不强。

具有多血质的人，他们充满自信、有较强的活动能力，喜欢体验和锻炼，对于简单、细致和琐碎的工作，缺乏竞争和刺激、只求细致的工作，多血质人一般不感兴趣。在职业活动中，他们重大局、不贪小利、不感情用事，这是多血质人的长处，多血质人对于新环境适应能力较强。对谁都能坦诚相待，他们能适应社会的进步，以发展的眼光进行谋划、设计。因此，他们对经商、计划、广告一类职业的适应性很强。

（2）胆汁质类型的职业选择倾向

胆汁质的人反应速度快，具有较高的反应性与主动性。这类人情感和行为动作产生得迅速而且强烈，有极明显的外部表现；性格开朗、热情，坦率，但脾气暴躁，好争论；情感易于冲动但不持久；精力旺盛，经常以极大的热情从事工作，但有时缺乏耐心；思维具有一定的灵活性，但对问题的理解具有粗枝大叶、不求甚解的倾向；意志坚强、果断勇敢，注意稳定而集中但难于转移；行动利落而又敏捷，说话速度快且声音洪亮。

从职业的角度看胆汁质人，他们比其他气质的人要自由。不是靠努力工作、不断进取，而是要自然地培养自己的实力。他们冷静地注视一切现实，对自己身边发生的事情，也是以旁观者的态度来对待。相信实实在在的实业，不相信虚的东西，这也是胆汁质人的特点。

胆汁质人专注于行动，热情地向自己的极限挑战，这也是他们的特征。在政治家、外交家、商业家、作家、记者、设计师、实业家、护士等比较外向的职业领域里，胆汁质人有适应性。

（3）黏液质类型的职业选择倾向

黏液质的人反应性低。情感和行为动作进行得迟缓、稳定、缺乏灵活性；这类人情绪不易发生，也不易外露，很少产生激情，遇到不愉快的事也不动声色；注意力稳定、持久，但难于转移；思维灵活性较差，但比较细致，喜欢沉思；在意志力方面具有耐性，对自己的行为有较大的自制力；态度持重，沉默寡言，办事谨慎细致，从不鲁莽，但对新的工作较难适应，行为和情绪都表现出内倾性，可塑性差。

这种人又称安静型，在生活中是一个坚持而稳健的辛勤工作者。由于这一类型的人具有与兴奋过程均衡的较强抑制，所以行动缓慢而沉着，严格恪守既定的生活秩序和工作制度，不为所谓的动因而分心。黏液质的人态度持重，交际适度，不作空泛的清谈，情感上不易激动，不易发脾气，也不易流露情感，能自制，也不常常显露自己的才能。这种人长时间坚持不懈，有条不紊地从事自己的工作。其不足是有些事情不够灵活，不善于转移自己的注意力。惰性使他因循守旧，表现出固定性有余，而灵活性不足的倾向。从容不迫和严肃认真的品德，以及性格的一惯性，使他们适合当外科医生、法官、组织者、财会、统计和播音员等工作。

（4）抑郁质类型的职业倾向选择

抑郁质的人有较高的感受性。这类人情感和行为动作都进行得相当缓慢，柔弱；情感容易产生，而且体验相当深刻，隐晦而不外露，易多愁善感；往往富于想象，聪明且观察力敏锐，善于观察他人观察不到的细微事物，敏感性高，思维深刻；在意志方面常表现出胆小怕事、优柔寡断，受到挫折后常心神不安，但对力所能及的工作表现出坚忍的精神；不善交往，较为孤僻，具有明显的内倾性。

抑郁质人无论对什么职业都能一丝不苟。他们责任心强，干什么都会加倍努力。他们中的许多人能成为中坚分子，担当着可靠的角色。抑郁质人的内心很孤独，很不擅长与人共事，因此，在与人交际较多的职业上，他需要花费更多的努力。抑郁质人中的许多人，不是单凭聪明去处理事情，而是把自己所掌握的工作内容在头脑中组合、计算，确定方针，然后在这个范围内一个一个地去实行，把问题处理好。一般的看法是，抑郁质人在学者、教育家、研究人员、技术人员、医师等比较内向的职业领域里，有较强的适应性。

（二）特质论与职业选择

1. 性格特质论

特质理论是最为重要的人格理论，最早的特质理论可以追溯到古希腊的“四根说”。恩培多克勒认为世界是由水、土、火和空气四种不变的物质构成的，人的身体也是由这四根构成的：固体的部分是土根，液体的部分是水根，维持生命呼吸的是空气，血液是火根。人的心理特性依赖身体的构造，心理的不同是因为四根的配合比例不同所造成的。特质理论有两个重要假设：第一，人格特质在时间上相对稳定。第二，人格特质在空间上相对稳定。在当前学术界，认可度较高的人格特质理论主要有：

（1）奥尔波特的特质理论

奥尔波特提出人格结构有三个层面：一是枢纽特质，也叫基本特质，指那些渗透于人格以致遍及此人全部活动的特质。二是核心特质，指渗透性差一些，但还是有相当概括力、有一般意义的特性，它是人格的建筑构件。三是次要特质，指不明显，不受人注目，一致性和一般性较低的人格特质。奥尔波特认为，各种特质不是零散的，而是有组织的，他假设有一个人格特质的组织者“统我”的存在，“统我”不是与生俱来的，而是逐渐发展起来的。

（2）卡特尔的特质理论

卡特尔用分类学的方法研究人格，认为人格结构的基本元素就是特质。他用因素分析的方法把众多的人格特质合并为35个特质群，并称之为表面特质，之后又进一步分析出了16种根源特质，根源特质是构成人格的基本要素，代表行为属性和功能，他总结出的16种人格特质包括：

①乐群性：指个体热情与合群的特质，高分代表温情合群，低分代表孤独冷淡；

②聪慧性：指个体有才华，善思考的特性，高分代表智慧和有才识，低分代表迟钝和学识浅薄；

③稳定性：指个体面对现实时的自我能力，高分代表成熟镇静，低分代表激动、易烦恼；

④支配性：指个体的好强与固执，高分代表好强，低分代表服从；

⑤兴奋性：指个体轻松和兴奋的特性，高分代表热心与健谈，低分代表审慎和冷静；

⑥有恒性：指个体有恒和负责的特性，高分代表谨慎固执，低分代表苟且与敷衍；

⑦敢为性：指个体冒险和少顾虑的特性，高分代表鲁莽，低分代表畏怯；

⑧敏感性：指个体的娇生惯养和感情用事的特性，高分代表敏感与优柔寡断，低分代表理性沉着；

⑨怀疑性：指个体的怀疑和固执己见，高分代表多疑善嫉妒，低分代表信赖随和；

⑩幻想性：指个体的幻想与任性，高分代表豪放，低分代表妥善处理；

⑪世故性：指个体的机灵与世故，高分代表世故圆滑，低分代表直率朴实；

⑫忧虑性：指个体的忧虑与抑郁，高分代表焦虑不安，低分代表安详自在；

⑬实验性：指个体的自由与激进，高分代表敢于批判，低分代表保守与尊重传统；

⑭独立性：指个体的自立自强，高分代表自负自决，低分代表依赖和随群；

⑮自律性：指一个人的自律严谨，高分代表克己自律，低分代表不顾大体、矛盾冲突；

⑯紧张性：指个体的激动与进取，高分代表紧张兴奋，低分代表心平气和。

（3）艾森克的特质理论

英国心理学家艾森克以人格结构层级说和三维度人格类型说为主要内容提出了人格特质理论。他认为，人格是由行为和行为群有机组织而成的层级结构。最底层是无数个具体反应，是可直接观察的具体行为。较高层是习惯性反应，它是具体反应经重复被固定下来的行为倾向。再高一层是特质，是一组习惯性反应的有机组合，如焦虑、固执等。最高一层是类型，是由一组相关特质的有机组合而成，具有高度概括的特征，对人的行为具有广泛的影响。他确定了人格类型的三个基本维度：根据外倾性维度可以把人格分为外倾型和内倾型；根据情绪稳定性可以把人格分为情绪型和稳定型；根据心理变态倾向可以把人格分为精神失调型和精神整合性。

特质理论的贡献在于其开创了人格测量的技术和发展了因素分析等统计方法。此外，特质论提供了对个体当前人格的精确描述，并且这种描述和我们的日常习惯非常接近。它有利于个体全面认识自我，从而为职业选择提供基础性参考资料。这些特质理论可以制作量表来测试个体性格，已经在心理学上广泛运用。缺点是对于非心理学专业人员来说，不容易操作。

2. 人格特质理论对职业选择的影响

西方工业国家对人格特质与工作匹配的关系做了许多理论上的研究，在实践中尤其是在组织录用员工时广泛采用。人格特质的理论基础就是认为某些人格特质与某些工作存在着匹配关系，对工作的满意度和流动的倾向性，取决于个体的人格特点与职业环境的匹配程度。人格特质会影响人对事物的理解，有的人乐天达观，有的人则倾向于悲观；人格特质会影响人处理事物的方法，有的人谨小慎微，而有的人则放荡不羁；人格特质会影响人在工作中与他人的沟通方式，有的人善解人意，有的人则麻木不仁；人格特质会影响人独特的表现方式，有的人情绪稳定，而有的人则脾气乖戾。因此，大学毕业生必须善于根据自身的人格特质来选择和匹配不同的工作岗位，才能使单位和个人双方都取得较高的满意度。总体上讲，大学毕业生的人格特质与工作岗位具有一定的匹配关系。

将中之帅型——这些大学毕业生只有偶尔的情感生活和社会生活，趋于客观和分析，具有强大的逻辑推理能力和判断力以及高度的创造性。

策划者型——这些大学毕业生比其他人更擅长处理偶然事件。无论在任何环境下，他们都能敏锐地发现可能发生的任何意外事件，并提前对此做出应急计划和安排。这些大学毕业生可选择科学和技术性的工作，在任何类型的“系统”工作中都表现出色，是战略家，而不是战术家。

发明家型——这些大学毕业生趋向独立、客观、善于分析，更在意他人对自身的影响，而不是自己如何影响他人。这些大学毕业生可以是发明家、科学家、机械维护人员等。他们能迅速争取主动并具有强烈的创造欲，但是很难持之以恒，以致不能完成项目。他们的缺点是，喜欢以自我为中心。

建筑师型——这些大学毕业生的目标就是设计系统结构和工程结构模型。他们把世界看作是用来实现他们的设计的原材料。他们自视为高明的组织者，即使他们并不是。他们对科学和系统有着兴趣，适合在建筑、土木工程等岗位的工作。

教师型——这些大学毕业生对新思想充满好奇心，尤其是对学术的体验、对理论研究的尝试。他们有想象力和洞察力，相对于书面表达，更擅长口头表达。适合于学校老师、辅导员等。

顾问型——这些大学毕业生很关心人，甚至有时候看起来有些外向，个人主义不太明显。他们感兴趣的是开辟新领域而不是坚守旧阵地。他们最适合政治思想研究、教育、公文写作、心理学领域的研究。

斗士型——这些大学毕业生更加热心，更关心人，并且擅长管理。他们适合咨询、教育、艺术领域，能很快争取主动并具有强烈的创造冲动，但很难持之以恒，以致不能完成项目。

医治者型——在与人打交道并且开发他们的潜能的领域表现优秀：比如咨询、教育、心理和文学。他们在语言和文学方面有天赋，但是他们的内向又使他们偏爱书面表达。他们通常是诗人、艺术家，忠诚而有理想，崇尚内在生活的和谐。

主管型——冷静、客观善于分析，注重事实，果断且合乎逻辑。根据慎重考虑后所做出的决定管理自己及他人的行为。看重事实和真理、原则和方法。偶尔有情绪化和社交性的生活。适合做行政、法律和技术性的职业。

推动者型——这些大学毕业生现实、能干、随和并且适应性强，对自己和他人有耐心，擅长处理细节问题，善于从实践经验中学习。他们解决问题的方法通常简单易行，喜欢做而不是说，通常是助理或秘书人员。

分析师型——客观、擅长分析，对内在的规律感兴趣，比如应用科学和工程。有很好的动手能力，喜欢做科学而不是搞理论，他们在工程、经济、财政分析领域工作出色。

表演者型——他们凭感觉而不是思考来做出判断，这些感觉集中在人身上。他们友善、圆滑，对艺术具有很高的品位，但是纪律观念差。

需要说明的是，人格特质理论只是为大学毕业生的岗位选择提供了一个基本的方向，并非放之四海而皆准。一名大学毕业生适合做某种工作，并不表示他能够胜任这份工作，因为这还要受其专业技能和工作态度等诸因素的限制。因此，大学毕业生必须在工作岗位上，努力学习、刻苦钻研，才能够不断进取。

（三）MBTI理论与职业选择

1. MBTI理论

MBTI是一种迫选型、自我报告式的人格测评工具，用以衡量和描述人们在获取信息、作出决策、对待生活等方面的心理活动规律和不同的人格类型表现。该工具信度、效度都比较高。目前，国内许多互联网公司提供在线的MBTI性格测试，并会给出测试者中肯建议。因此，这里笔者不再详细论述职业匹配情况。

MBTI是以荣格的心理类型理论为基础，由美国的布里格斯和迈尔斯母女共同研制开发。包括四维八极，即：内倾（I）—外倾（E）维度、感觉（S）—直觉（N）维度、思维（T）—情感（F）维度、理解（P）—判断（J）维度（表1）。

表1 MBTI类型指标介绍

维度	类型	相对应类型英文缩写	类型	相对应类型英文缩写
①	外倾	E	内倾	I
②	感觉	S	直觉	N
③	思维	T	情感	F
④	判断	J	理解	P

四个维度如同四把标尺，每个人的性格都会落在标尺的某个点上，这个点靠近哪个端点，就意味着个体有哪方面的偏好。如在第一维度上，个体的性格靠近外倾这一端，就偏外倾，而且越接近端点，偏好越强。

（1）外倾—内倾

如果只能用一个维度将人群区分开来的话，那么，这个维度应该是内外倾向，它是区分个体的最基本的维度。我们以自身为界，可以将世界分为自身以外的世界和自我的世界两个部分，也可称为外部世界和内部世界。外倾的人倾向于将注意力和精力投注在外部世界，外在的人，外在的物，外在的环境等，而内倾的人则相反，较为关注自我的内部状况，如内心情感、思想。两种类型的个体在自己偏好的世界里会感觉自在、充满活力，而到相反的世界里则会不安、疲惫。因此，外倾与内倾的个体之间的区分是广泛而明显的，并不像我们平时讲的“外倾者健谈、内倾者害羞”那么简单，具体可以从下列几个方面进行分析（表2）。

表2 外倾型与内倾型的特征比较

外倾型（E）	内倾型（I）
与他人相处时精力充沛	独处时精力充沛
行动先于思考	思考先于行动
喜欢边想边说出声	在心中思考问题
易于“读”和了解；随意地分享个人情况	更封闭，更愿意在经挑选的小群体中分享个人的情况
说的多于听的	听的比说的多
高度热情地社交	不把兴奋说出来
反应快，喜欢快节奏	仔细考虑后，才有所反应
重于广度而不是深度	喜欢深度而不是广度

参照上述的“条条框框”，你能确定你的内外倾向的偏好了吗？当然，不要期望每条标准都完全符合，大部分符合基本上就可以确定了。也

不要要求每时每刻都以同样类型的方式行事。人毕竟生活在社会中，有时会顺应外在环境的、工作的需要调整自己的行为，再外倾的人，在权威人士面前或者十分隆重、严肃的场合，也会是个好的倾听者，再内倾的人，走上领导岗位，该发表意见的还得发表，准备充分的话，也会滔滔不绝。关键在于，我们需扪心自问：到底以什么样的方式行事，才是自己感觉最好的，最习惯的。

（2）感觉—直觉

我们每个人都在不断接受着信息，这是我们跟上外界节拍的必要前提。但不同类型的个体接受信息的方式不同，这便有了感觉型与直觉型之别。首先，面对同样的情景，两者的注意中心不同，依赖的信息通道也不同。感觉型的人关注的是事实本身，注重细节，而直觉型的人注重的是基于事实的含义、关系和结论；感觉型的人信赖五官听到、看到、闻到、感觉到、尝到的实实在在、有形有据的事实和信息，而直觉型的人注重“第六感觉”，注重“弦外之音”，直觉型的人的许多结论在感觉型的人眼里，也许是飘忽的，不实在的。注重细节的结果是感觉型的人擅长记忆大量事实与材料，他们有时候像本“词典”，能清晰地讲出大量的数据、人名、概念乃至定义，常使其他人感到吃惊。而直觉型的更擅长解释事实，捕捉零星的信息，分析事情的发展趋向。其次，感觉型的人对待任务，习惯于按照规则、手册办事，比如照着手册使用家电，看着地图辨认交通路线，而直觉型的人，习惯尝试，跟着感觉走，他不习惯仔细地看完一大本说明书再动手，结果呢？可能比感觉型的人更快地完成了任务，也可能因为失败而须重新开始。感觉型习惯于固守现实，享受现实，使用已有的技能，直觉型的人更习惯变化、突破现实。简言之，感觉型注意“是什么”，实际而仔细。直觉型则更关心“可能是什么”。具体区别如下（表3）。

表3　感觉型与直觉型的特征比较

感觉型（S）	直觉型（N）
相信确定和有形的东西	相信灵感或推理
对概念和理论兴趣不大，除非它们有着实际的效用	对概念和理论感兴趣
重视现实性和常情	重视可能性和独创性
喜欢使用和琢磨已知的技能	喜欢学习新技能，但掌握之后很容易就厌倦了
留意具体的、特定的事物；进行细节描述	留意事物的整体概况、普遍规律及象征含义；用概括、隐喻等方式进行表述
循序渐进地讲述有关情况	跳跃性地展现事实
着眼于现实	着眼于未来，留意事物的变化趋势，惯于从长远角度看待事物

在我们的周围，两种类型的人都会存在，当然极端典型的比较少，大多数人兼有两种特质，但其中一种会更突出一些，成为本人的特色，也由此可以确定本人的类型。使用哪种方式接受信息都有利有弊。作为个体，往往只擅长一种，了解到这点，直觉型的人就不必在百科全书式的人物面前自叹弗如，感觉型的人也无须在灵动、敏感的直觉者面前不好意思了。当然，我们在享受自我性格类型所带来的优势的同时，也不妨有意识地弥补弱处，比如说，直觉型的人可多关注一些细节，而感觉型的人可多留神蕴含的潜在信息。

（3）思维—情感

这是从做决策的方式来看，仅看这个维度的名称，也许你会觉得，思维型的人是理性的，而情感性的人是非理性的，事实上并非如此。两类人都有理性思考的成分，但作决定或下结论的主要依据不一样。情感型的人常从自我的价值观念出发，变通地贯彻规章制度，做出一些自己认定是对的决策，比较关注决策可能给他人带来的情绪体验，人情味较浓。思维型的人则比较注重依据客观事实的分析，一以贯之、一视同仁地贯彻规章制度，不太习惯根据人情因素变通，哪怕做出的决定并不令人舒服。具体区别如下（表 4 ）。

表4　思维型与情感型的特征区别

思维型（T）	情感型（F）
退后一步思考，对问题进行客观的、非个人立场的分析	超前思考，考虑行为对他人的影响
重视符合逻辑、公正、公平的价值；一视同仁	重视同情与和睦：重视准则的例外性
被认为冷酷、麻木、漠不关心	被认为感情过多，缺少逻辑性，软弱
认为坦率比圆通更重要	认为圆通比坦率更重要
只有当情感符合逻辑时，才认为它可取	无论是否有意义，认为任何感情都可取
被“获取成就”所激励	被“获得欣赏”所激励
很自然地看到缺点，倾向于批评	惯于迎合他人，着重维护人脉资源

不同性别的个体在这个维度上的偏好有所差异，据研究，大约2/3的女性偏好情感型，2/3的男性偏好思维型，什么原因造成的？也许社会本身对不同性别的人就给予了不同的期待，期待女性的同情心，期待男性的冷静、客观。其实，这两种类型无所谓好或坏，重要的是理解和自己不同类型的人的做法，并且尽量避免走入极端，极端的思维倾向，可能会给人“冷酷”的感觉，而极端的情感倾向则给人“无原则”的感觉。看看你的性格在这个维度上会有什么样的偏好？

（4）判断—理解

这是从喜好的生活方式来看。如果我们看看人们的办公桌上、包内或柜子里摆放的物品，可以发现，有些人经常是井然有序，而有些人就不那么习惯于保持整齐，前者是判断型具有的特征，后者是知觉型的人经常有的状态。不仅如此，在处事方式上，判断型的人目的性较强，一板一眼，他们喜欢有计划、有条理的世界，更愿意以比较有序的方式生活。知觉型的人好奇性、适宜性强，他们会不断关注新的信息，喜欢变化，也会考虑许多可能的变化因素，更愿意以比较灵活、随意、开放的方式生活。在做决策时，判断型的人较为果断，而知觉型的人总希望获得更多信息后再决断。逛了两天商场，还决定不了买什么的人，多半是知觉型的。两者的具体区别如下：

大多数人兼具两种倾向，只是更偏向某一端。我们在日常生活、工作中，也会受其他因素影响，改变一贯的方式，如面临紧急的、或期限明确的任务，知觉型的人也会果断起来。兴致所至，知觉型的人也会把物品收拾得整整齐齐，但这些并不是他们常有的行为方式，也不是他们内心感到真正自然、舒服的方式。作为个体，一方面根据内心的感受识别自我的偏好，发挥优势，另一方面，则要约束一下性格的弱点。如完全的判断型，比较容易走入刻板、教条的境地，完全的知觉型则容易使事情的进行没有限制。

2. MBTI理论与职业选择

MBTI通过四个维度来测量人在性格和行为方面的喜好和差异。这四个维度分别为：人的注意力集中所在和精力的来源：外倾（E）和内倾（I）；人获取信息的方式：感觉（S）和直觉（N）；人做决策的方式：思维（T）和情感（F）；人对待外界和处世的方式：判断（J）和理解（P）。这四个维度二元取向进行排列组合，可以得到16种性格类型，与这些性格类型相对照，我们可以列举一些参考职业。

（1）ISTJ（精简）

ISTJ型的人是严肃的、有责任心的和通情达理的社会坚定分子。他们值得信赖，他们重视承诺，对他们来说，言语就是庄严的宣誓。

ISTJ型的人工作缜密，讲求实际，很有头脑也很现实。他们具有很强的集中力、条理性和准确性。无论他们做什么，都相当有条理和可靠。他们具有坚定不移、深思熟虑的思想，一旦他们着手自己相信是最好的行动方法时，就很难转变或变得沮丧。

ISTJ型的人特别安静和勤奋，对于细节有很强的记忆和判断能力。他们能够引证准确的事实支持自己的观点，把过去的经历运用到现在的决策中。他们重视和利用符合逻辑、客观的分析，以坚持不懈的态度准时地完成工作，并且总是安排有序，很有条理。他们重视必要的理论体系和传统惯例，对于那些不是如此做事的人则很不耐烦。

ISTJ型的人总是很传统、谨小慎微。他们聆听和喜欢确实、清晰地陈述事物。ISTJ型的人天生不喜欢显露，即使危机之时，也显得很平静。他们总是显得责无旁贷、坚定不变、但是在他们冷静的外表之下，也许有强烈却很少表露的反应。

适合领域：工商业领域、政府机构、金融银行业、医务领域。

适合职业：审计师、会计、财务经理、办公室行政管理、后勤和供应管理、中层经理、公务（法律、税务）执行人员等。银行信贷员、成本估价师、保险精算师、税务经纪人、税务检查员等。机械、电气工程师、计算机程序员、数据库管理员、地质、气象学家、法律研究者、律师等。外科医生、药剂师、实验室技术人员、牙科医生、医学研究员等。

（2）ISFJ

ISFJ型的人忠诚、有奉献精神和同情心，理解别人的感受。他们意志清醒而有责任心，乐于为人所需。

ISFJ型的人十分务实，他们喜欢平和谦逊的人。他们喜欢利用大量的事实情况，对于细节则有很强的记力。他们耐心地对待任务的整个阶段，喜欢事情能够清晰明确。

ISFJ型的人具有强烈的职业道德，所以他们如果知道自己的行为真正有用时，会对需要完成之事承担责任。他们准确系统地完成任务。他们具有传统的价值观，十分保守。他们利用符合实际的判断标准做决定，通过出色的注重实际的态度增加了稳定性。

ISFJ型的人平和谦虚、勤奋严肃。他们温和、圆通，支持朋友和同伴。他们乐于协助别人，喜欢实际可行地帮助他人。他们利用个人热情与人交往，在困难中与他人和睦相处。

ISFJ型的人不喜欢表达个人情感，但实际上对于大多数的情况和事件都具有强烈的个人反应。他们关心、保护朋友，愿意为朋友献身，他们有为他人服务的意识，愿意完成他们的责任和义务。

适合领域：无明显领域特征、医护领域、消费类商业、服务业领域。

适合职业：行政管理人员、总经理助理、秘书、人事管理者、项目经理、物流经理、律师助手等。外科医生及其他各类医生、家庭医生、牙科医生、护士、药剂师、医学专家、营养学专家、顾问等。零售店、精品店业主、大型商场、酒店管理人员、室内设计师等。

（3）INFJ

INFJ型的人生活在思想的世界里。他们是独立的、有独创性的思想家，具有强烈的感情、坚定的原则和正直的人性。即使面对怀疑，INFJ型的人仍相信自己的看法与决定。他们对自己的评价高于其他的一切，包括流行观点和存在的权威，这种内在的观念激发着他们的积极性。通常INFJ型的人具有本能的洞察力，能够看到事物更深层的含义。即使他人无法分享他们的热情，但灵感对于他们重要而令人信服。

INFJ型的人忠诚、坚定、富有理想。他们珍视正直，十分坚定以至达到倔强的地步。因为他们的说服能力，对于什么对公共利益最有利有清楚的看法，所以INFJ型的人会成为伟大的领导者。由于他们的贡献，他们通常会受到尊重或敬佩。因为珍视友谊和和睦，INFJ型的人喜欢说服别人，使之相信他们的观点是正确的。通过运用嘉许和赞扬，而不是争吵和威胁，他们赢得了他人的合作。他们愿意毫无保留地激励同伴，避免争吵。

通常INFJ型的人是深思熟虑的决策者，他们觉得问题使人兴奋，在行动之前他们通常要仔细地考虑。他们喜欢每次全神贯注于一件事情，这会造成一段时期的专心致志。他们满怀热情与同情心，INFJ型的人强烈地渴望为他人的幸福做贡献。他们注意其他人的情感和利益，能够很好地处理复杂的人际关系。

INFJ型的人本身具有深厚复杂的性格，既敏感又热切。他们内向，很难被人了解，但是愿意同自己信任的人分享内在的自我。他们往往有一个交往深厚、持久的小规模的朋友圈，在合适的氛围中能产生充分的个人热情和激情。

适合领域：咨询、教育、科研、文化、艺术、设计等领域。

适合职业：心理咨询工作者、心理诊疗师、职业指导顾问、大学教师（人文学科、艺术类）、心理学、教育学、社会学、哲学及其他领域的研究人员等。作家、诗人、剧作家、电影编剧、电影导演、画家、雕塑家、音乐家、艺术顾问、建筑师、设计师等。

（4）INTJ

INTJ型的人是完美主义者。他们强烈地要求个人自由和能力，同时在他们独创的思想中，不可动摇的信仰促使他们达到目标。

INTJ型的人思维严谨、有逻辑性、足智多谋，他们能够看到新计划实行后的结果。他们对自己和别人都很苛求，往往几乎同样强硬地逼迫别人和自己。他们并不十分受冷漠与批评的干扰，作为所有性格类型中最独立INTJ型的人更喜欢以自己的方式行事。面对相反意见，他们通常持怀疑态度，对自己的意见十分坚定和坚决。权威本身不能强制他们，只有他们认为这些规则对自己的更重要的目标有用时，才会去遵守。

INTJ型的人是天生的谋略家，具有独特的思想、伟大的远见和梦想。他们天生精于理论，对于复杂而综合的概念运转灵活。他们是优秀的战略思想家，通常能清楚地看到任何局势的利处和缺陷。对于感兴趣的问题，他们是出色的、具有远见和见解的组织者。如果是他们自己形成的看法和计划，他们会投入不可思议的注意力、能量和积极性。领先到达或超过自己的高标准的决心和坚忍不拔，使他们获得许多成就。

适合领域：科研、科技应用、技术咨询、管理咨询金融、投资领域创造性行业。

适合职业：各类科学家、研究所研究人员、设计工程师、系统分析员、计算机程序师、研究开发部经理等。各类技术顾问、技术专家、企业管理顾问、投资专家、法律顾问、医学专家、精神分析学家等。经济学家、投资银行研究员、证券投资和金融分析员、投资银行家、财务计划人、企业并购专家等。各类发明家、建筑师、社论作家、设计师、艺术家等。

（5）ISTP

ISTP型的人坦率、诚实、讲求实效，他们喜欢行动而非漫谈。他们很谦逊，对于完成工作的方法有很好的理解力。

ISTP型的人擅长分析，所以他们对客观含蓄的原则很有兴趣。他们对于技巧性的事物有天生的理解力，通常精于使用工具和进行手工劳动。他们往往做出有条理而保密的决定。他们仅仅是按照自己所看到的，有条理而直接地陈述事实。

ISTP型的人好奇心强，而且善于观察，只有理性、可靠的事实才能使他们信服。他们重视事实，简直就是有关他们知之甚深的知识的宝库。他们是现实主义者，所以能够很好地利用可获得的资源，同时他们善于把握时机，这使他们变得很讲求实效。

ISTP型的人平和而寡言，往往显得冷酷而清高，而且容易害羞，除了是与好朋友在一起时。他们平等、公正。他们往往受冲动的驱使，对于即刻的挑战和问题具有相当的适应性和反应能力。因为他们喜欢行动和令人兴奋的事情，所以他们乐于户外活动和运动。

适合领域：技术领域、证券、金融业贸易、商业领域户外、运动、艺术等领域。

适合职业：机械、电气、电子工程师、各类技术专家和技师、计算机硬件、系统集成专业人员等。证券分析师、金融、财务顾问、经济学研究者等。贸易商、商品经销商、产品代理商（有形产品为主）等。警察、侦探、体育工作者、赛车手、飞行员、雕塑家、手工制作、画家等。

（6）ISFP

ISFP型的人平和、敏感，他们保持着许多强烈的个人理想和自己的价值观念。他们更多的是通过行为而不是言辞表达自己深沉的情感。

ISFP型的人谦虚而缄默，但实际上他们是具有巨大的友爱和热情之人，但是除了与他们相知和信赖的人在一起外，他们不经常表现出自我的另一面。因为ISFP型的人不喜欢直接地自我表达，所以常常被误解。

ISFP型的人耐心、灵活，很容易与他人相处，很少支配或控制别人。他们很客观，以一种相当实事求是的方式接受他人的行为。他们善于观察周围的人和物，却不寻求发现动机和含义。

ISFP型的人完全生活在当下，所以他们的准备或计划往往不会多于必需，他们是很好的短期计划制定者。因为他们喜欢享受目前的经历，而不继续向下一个目标兑现，所以他们对完成工作感到很放松。

ISFP型的人对于从经历中直接了解和感受的东西很感兴趣，常常富有艺术天赋和审美感，力求为自己创造一个美丽而隐蔽的环境。没有想要成为领导者，ISFP型的人经常是忠诚的追随者和团体成员。因为他们利用个人的价值标准去判断生活中的每一件事，所以他们喜欢那些花费时间去认识他们和理解他们内心的忠诚之人。他们需要最基本的信任和理解，在生活中需要和睦的人际关系，对于冲突和分歧则很敏感。

适合领域：手工艺、艺术领域、医护领域、商业、服务业领域。

适合职业：时装、首饰设计师，装潢、园艺设计师，陶器、乐器、卡通、漫画制作者，素描画家，舞蹈演员，画家等。出诊医生、出诊护士、理疗师、牙科医生、个人健康和运动教练等。餐饮业业主、娱乐业业主、旅行社销售人员、体育用品销售员、个人理疗用品销售员等。

（7）INFP

INFP认为内在的和谐高于其他一切。他们敏感、理想化、忠诚，对于个人价值具有一种强烈的荣誉感。他们个人信仰坚定，有为自认为有价值的事业献身的精神。

INFP型的人对于已知事物之外的可能性很感兴趣，精力集中于他们的梦想和想象。他们思维开阔、有好奇心和洞察力，常常具有出色的长远眼光。在日常事务中，他们通常灵活多变、具有忍耐力和适应性，但是他们非常坚定地对待内心的忠诚，为自己设定了事实上几乎是不可能的标准。

INFP型的人具有许多使他们忙碌的理想和忠诚。他们十分坚定地完成自己所选择的事情，他们往往承担得太多，但不管怎样总要完成每件事。虽然对外部世界他们显得冷淡缄默，但INFP型的人很关心内在。他们富有同情心、理解力，对于别人的情感很敏感。除了他们的价值观受到威胁外，他们总是避免冲突，没有兴趣强迫或支配别人。

INFP型的人常常喜欢通过书写而不是口头来表达自己的感情。当INFP型的人劝说别人相信他们的想法的重要性时，可能是最有说服力的。

INFP很少显露强烈的感情，常常显得沉默而冷静。然而，一旦他们与你认识了，就会变得热情友好，但往往会避免肤浅的交往。他们珍视那些花费时间去思考目标与价值的人。

适合领域：创作型、艺术类、教育、研究、咨询类。

适合职业：各类艺术家、插图画家、诗人、小说家、建筑师、设计师、文学编辑、艺术指导、记者等。大学老师（人文类）、心理学工作者、心理辅导和咨询人员、社科类研究人员、社会工作者、教育顾问、图书管理者、翻译家等。

（8）INTP

INTP型的人是解决理性问题者。他们很有才智和条理性，以及创造才华的突出表现。

INTP型的人外表平静、缄默、超然，内心却专心致志于分析问题。他们苛求精细、惯于怀疑。他们努力寻找和利用原则以理解许多想法。他们喜欢有条理和有目的的交谈，而且可能会仅仅为了高兴，争论一些无益而琐细的问题。只有有条理的推理才会使他们信服。通常INTP型的人是足智多谋、有独立见解的思考者。他们重视才智，对于个人能力有强烈的欲望，有能力也很感兴趣向他人挑战。

INTP型的人最主要的兴趣在于理解明显的事物之外的可能性。他们乐于为了改进事物的目前状况或解决难题而进行思考。他们的思考方式极端复杂，而且他们能很好地组织概念和想法。偶尔，他们的想法非常复杂，以至于很难向别人表达和被他人理解。

INTP型的人十分独立，喜欢冒险和富有想象力的活动。他们灵活易变、思维开阔，更感兴趣的是发现有创见而且合理的解决方法，而不是仅仅看到成为事实的解决方式。

适合领域：计算机技术、理论研究、学术领域、专业领域、创造性领域。

适合职业：软件设计员、系统分析师、计算机程序员、数据库管理、故障排除专家等。大学教授、科研机构研究人员、数学家、物理学家、经济学家、考古学家、历史学家等。证券分析师、金融投资顾问、律师、法律顾问、财务专家、侦探等。各类发明家、作家、设计师、音乐家、艺术家、艺术鉴赏家等。

（9）ESTP

ESTP型的人不会焦虑，因为他们是快乐的。ESTP型的人活跃、随遇而安、天真率直。他们乐于享受现在的一切而不是为将来计划什么。

ESTP型的人很现实，他们信任和依赖于自己对这个世界的感受。他们是好奇而热心的观察者。因为他们接受现在的一切，所以他们思维开阔，能够容忍自我和他人。ESTP型的人喜欢处理、分解与恢复原状的真实事物。

ESTP型的人喜欢行动而不是漫谈，当问题出现时，他们乐于去处理。他们是优秀的解决问题的人，这是因为他们能够掌握必要的事实情况，然后找到符合逻辑的明智的解决途径，而无须浪费大量的努力或精力。他们会成为适宜外交谈判的人，他们乐于尝试非传统的方法，而且常常能够说服别人给他们一个妥协的机会。他们能够理解晦涩的原则，在符合逻辑的基础上，而不是基于他们对事物的感受之上做出决定。因此，他们讲求实效，在情况必须时非常强硬。在大多数的社交场合中，ESTP型的人很友善，富有魅力、轻松自如而受人欢迎。在任何有他们的场合中，他们总是爽直、多才多艺和有趣，总有没完没了的笑话和故事。他们善于通过缓和气氛以及使冲突的双方相互协调，从而化解紧张的局势。

适合领域：贸易、商业、某些特殊领域、服务业、金融证券业、娱乐、体育、艺术领域。

适合职业：各类贸易商、批发商、中间商、零售商、房地产经纪人、保险经济人、汽车销售人员、私家侦探、警察等。餐饮、娱乐及其他各类服务业的业主、主管、特许经营者、自由职业者等。股票经纪人、证券分析师、理财顾问、个人投资者等。娱乐节目主持人、体育节目评论、脱口秀演员、音乐表演者、舞蹈表演者、健身教练、体育工作者等。

（10）ESFP

ESFP型的人乐意与人相处，有一种真正的生活热情。他们顽皮活泼，通过真诚和玩笑使别人感到事情更加有趣。

ESFP型的人脾气随和、适应性强，热情友好且慷慨大方。他们擅长交际，常常是别人的“注意中心”。他们热情而乐于合作地参加各种活动和节目，而且通常立刻能应对几种活动。

ESFP型的人是现实的观察者，他们按照事物的本身去对待并接受它们。他们往往信任自己能够听到、闻到、触摸和看到的事物，而不是依赖于理论上的解释。因为他们喜欢具体的事实，对于细节有很好的记忆力，所以他们能从亲身的经历中学到最好的东西。共同的感觉给予他们与人和物相处的实际能力。他们喜欢收集信息，从中观察可能自然出现的解决方法。

ESFP型的人对于自我和他人都能容忍和接受，往往不会试图把自己的愿望强加于他人。ESFP型的人通融和有同情心，通常许多人都真心地喜欢他们。他们能够让别人采纳他们的建议，所以他们很擅于帮助冲突的各方重归于好。他们寻求他人的陪伴，是很好的交谈者。他们乐于帮助旁人，偏好以真实有形的方式给予协助。ESFP型的人天真率直，很有魅力和说服力。他们喜欢意料不到的事情，喜欢寻找给他人带来愉快和意外惊喜的方法。

适合领域：消费类商业、服务业领域，广告业、娱乐业领域，旅游业、社区服务等其他领域。

适合职业：精品店、商场销售人员、娱乐、餐饮业客户经理、房地产销售人员、汽车销售人员、市场营销人员（消费类产品）等。广告企业中的设计师、创意人员、客户经理、时装设计和表演人员、摄影师、节目主持人、脱口秀演员等。旅游企业中的销售、服务人员、导游、社区工作人员、自愿工作者、公共关系专家、健身和运动教练、医护人员等。

（11）ENFP

ENFP型的人充满热情和新思想。他们乐观、自然、富有创造性和自信，具有独创性的思想和对可能性的强烈感受。对于ENFP型的人来说，生活是激动人生的戏剧。

ENFP型的人对可能性很感兴趣，所以他们了解所有事物中的深远意义。他们具有洞察力，是热情的观察者，注意常规以外的任何事物。ENFP型的人好奇，喜欢理解而不是判断。ENFP型的人具有想象力、适应性和可变性，他们视灵感高于一切，常常是足智多谋的发明人。

ENFP型的人不墨守成规，善于发现做事情的新方法，为思想或行为开辟新道路，并保持它们的开放。在完成新颖想法的过程中，ENFP型的人依赖冲动的能量。他们有大量的主动性，认为问题令人兴奋。他们也从周围其他人中得到能量，把自己的才能与别人的力量成功地结合在一起。

ENFP型的人具有魅力、充满生机。他们待人热情、彬彬有礼、富有同情心，愿意帮助别人解决问题。他们具有出色的洞察力和观察力，常常关心他人的发展。ENFP型的人避免冲突，喜欢和睦。他们把更多的精力倾注于维持个人关系而不是客观事物，喜欢保持一种广泛的关系。

适合领域：广告创意、广告撰稿人，市场营销和宣传策划、市场调研人员、艺术指导、公关专家、公司对外发言人等。

适合职业：儿童教育老师、大学老师（人文类）、心理学工作者、心理辅导和咨询人员、职业规划顾问、社会工作者、人力资源专家、培训师、演讲家等。记者（访谈类）、节目策划和主持人、专栏作家、剧作家、艺术指导、设计师、卡通制作者、电影及电视制片人等。

（12）ENTP

ENTP型的人喜欢兴奋与挑战。他们热情开放、足智多谋、健谈而聪明，擅长于许多事情，不断追求增加能力和个人权利。ENTP型的人天生富有想象力，他们深深地喜欢新思想，留心一切可能性。他们有很强的首创精神，善于运用创造冲动。

ENTP型的人视灵感高于其他的一切，力求使他们的新颖想法转变为现实。他们好奇、多才多艺、适应性强，在解决挑战性和理论性问题时善于随机应变。

ENTP型的人灵活而率直，能够轻易地看出任何情况中的缺点，乐于出于兴趣争论问题的某方面。他们有极好的分析能力，是出色的策略谋划者。他们几乎一直能够为他们所希望的事情找出符合逻辑的推理。

大多数的ENTP型人喜欢审视周围的环境，认为多数的规则和章程如果不被打破，便意味着屈从。有时他们的态度不从习俗，乐于帮助别人超出可被接受和被期望的事情。他们喜欢自在地生活，在每天的生活中寻找快乐和变化。

ENTP型的人富有想象力地处理社会关系，常常有许多朋友和熟人。他们表现得很乐观，具有幽默感。ENTP型的人吸引和鼓励同伴，通过他们富有感染力的热情，鼓舞别人加入他们的行动中。他们喜欢努力理解和回应他人，而不是判断他人。

适合领域：投资顾问、项目策划、投资银行、自我创业、市场营销、创造性领域、公共关系、政治。

适合职业：投资顾问（房地产、金融、贸易、商业等）、各类项目的策划人和发起者、投资银行家、风险投资人、企业业主（新兴产业）等。市场营销人员、各类产品销售经理、广告创意、艺术总监、访谈类节目主持人、制片人等。公共关系专家、公司对外发言人、社团负责人、政治家等。

（13）ESTJ

ESTJ 型的人高效率地工作，自我负责，监督他人工作，合理分配和处置资源，主次分明，井井有条；能制定和遵守规则，多喜欢在制度健全、等级分明、比较稳定的企业工作；倾向于选择较为务实的业务，以有形产品为主；喜欢工作中带有和人接触、交流的成分，但不以态度取胜；不特别强调工作的行业或兴趣，多以职业角度看待每一份工作。

ESTJ型的人很善于完成任务；他们喜欢操纵局势和促使事情发生；他们具有责任感，信守他们的承诺。他们喜欢条理性并且能记住和组织安排许多细节。他们及时和尽可能高效率地、系统地开始达到目标。

ESTJ型的人被迫做决定。他们常常以自己过去的经历为基础得出结论。他们很客观，有条理性和分析能力，以及很强的推理能力。事实上，除了符合逻辑外，其他没有什么可以使他们信服。同时，ESTJ型的人又很现实、有头脑、讲求实际。他们更感兴趣的是“真实的事物”，而不是诸如抽象的想法和理论等无形的东西。他们往往对那些他们认为没有实用价值的东西不感兴趣。他们知道自己周围将要发生的事情，而首要关心的则是目前。因为ESTJ型的人依照一套固定的规则生活，所以他们坚持不懈和值得依赖。他们往往很传统，有兴趣维护现存的制度。虽然对于他们来说，感情生活和社会活动并不像生活的其他方面那样重要，但是对于亲情关系，他们却固守不变。他们不但能很轻松地判断别人，而且还是条理分明的纪律执行者。 ESTJ型的人直爽坦率，友善合群。通常他们会很容易地了解事物，这是因为他们相信“你看到的便是你得到的”。

适合领域：无明显领域特征。

适合职业：大、中型外资企业员工、业务经理、中层经理（多分布在财务、营运、物流采购、销售管理、项目管理、工厂管理、人事行政部门）、职业经理人、各类中小型企业主管和业主。

（14）ESFJ

ESFJ型的人通过直接的行动和合作积极地以真实、实际的方法帮助别人。他们友好、富有同情心和责任感。

ESFJ型的人把他们同别人的关系放在十分重要的位置，所以他们往往具有和睦的人际关系，并且通过很大的努力以获得和维持这种关系。事实上，他们常常理想化自己欣赏的人或物。

ESFJ型的人往往对自己以及自己的成绩十分欣赏，因而他们对于批评或者别人的漠视很敏感。通常他们很果断，表达自己的坚定的主张，乐于事情能很快得到解决。

ESFJ型的人很现实，他们讲求实际、实事求是和安排有序。他们参与并能记住重要的事情和细节，乐于别人也能对自己的事情很确信。他们在自己的个人经历或在他们所信赖之人的经验之上制定计划或得出见解。他们知道并参与周围的物质世界，并喜欢具有主动性和创造性。

ESFJ型的人十分小心谨慎，也非常传统化，因而他们能恪守自己的责任与承诺。他们支持现存制度，往往是委员会或组织机构中积极主动和乐于合作的成员，他们重视并能保持很好的社交关系。他们不辞劳苦地帮助他人，尤其在遇到困难或取得成功时，他们都很积极活跃。

适合领域：无明显领域特征。

适合职业：办公室行政或管理人员、秘书、总经理助理、项目经理、客户服务部人员、采购和物流管理人员等。内科医生及其他各类医生、牙科医生、护士、健康护理指导师、饮食学、营养学专家、小学教师（班主任）、学校管理者等。银行、酒店、大型企业客户服务代表、客户经理、公共关系部主任、商场经理、餐饮业业主和管理人员等。

（15）ENFJ

ENFJ型的人认为人的感情是最重要的。而且他们很自然地关心别人，以热情的态度对待生命，感受与个人相关的所有事物。由于他们很理想化，按照自己的价值观生活，因此ENFJ型的人对于他们所尊重和敬佩的人、事业和机构非常忠诚。他们精力充沛、满腔热情、富有责任感、勤勤勤恳恳、锲而不舍。

ENFJ型的人具有自我批评的自然倾向。然而，他们对他人的情感具有责任心，所以ENFJ型的人很少在公共场合批评人。他们敏锐地意识到什么是（或不是）合适的行为。他们彬彬有礼、富有魅力、讨人喜欢、深谙社会。ENFJ型的人具有平和的性格与忍耐力，他们长于外交，擅长在自己的周围激发幽默感。他们是天然的领导者，受人欢迎而有魅力。他们常常得利于自己口头表达的天分，愿意成为出色的传播工作者。

ENFJ型的人在自己对情况感受的基础上做决定，而不是基于事实本身。他们对显而易见的事物之外的可能性，以及这些可能性以怎样的方式影响他人感兴趣。ENFJ型的人天生具有条理性，他们喜欢一种有安排的世界，并且希望别人也是如此。即使其他人正在做决定，他们还是喜欢把问题解决了。

ENFJ型的人富有同情心和理解力，愿意培养和支持他人。他们能很好地理解别人，有责任感和关心他人。由于他们是理想主义者，因此他们通常能看到别人身上的优点。

适合领域：培训、咨询、教育、新闻传播、公共关系、文化艺术。

适合职业：人力资源培训主任、销售、沟通、团队培训员、职业指导顾问、心理咨询工作者、大学教师（人文学科类）、教育学、心理学研究人员等。记者、撰稿人、节目主持人（新闻、采访类）、公共关系专家、社会活动家、文艺工作者、平面设计师、画家、音乐家等。

（16）ENTJ

ENTJ型的人是伟大的领导者和决策人。他们能轻易地看出事物具有的可能性，很高兴指导别人，使他们的想象成为现实。他们是头脑灵活的思想家和伟大的长远规划者。因为ENTJ型的人很有条理和分析能力，所以他们通常对要求推理和才智的任何事情都很擅长。为了在完成工作中称职，他们通常会很自然地看出所处情况中可能存在的缺陷，并且立刻知道如何改进。他们力求精通整个体系，而不是简单地把它们作为现存的接受而已。

ENTJ型的人乐于完成一些需要解决的复杂问题，他们大胆地力求掌握使他们感兴趣的任何事情。ENTJ型的人把事实看得高于一切，只有通过逻辑的推理才会确信。ENTJ型的人渴望不断增加自己的知识基础，他们系统地计划和研究新情况。他们乐于钻研复杂的理论性问题，力求精通任何他们认为有趣的事物。他们对于行为的未来结果更感兴趣，而不是事物现存的状况。

ENTJ型的人是热心而真诚的天生的领导者，他们往往能够控制他们所处的任何环境。因为他们具有预见能力，并且能够向别人传播他们的观点，所以他们是出色的群众组织者。他们往往按照一套相当严格的规律生活，并且希望别人也是如此。因此他们往往具有挑战精神，同样艰难地推动自我和他人前进。

适合领域：工商业、政界、金融和投资领域，管理咨询、培训专业性领域。

适合职业：各类企业的高级主管、总经理、企业主、社会团体负责人、政治家等。投资银行家、风险投资家、股票经纪人、公司财务经理、财务顾问、经济学家、企业管理顾问、企业战略顾问、项目顾问、专项培训师等。律师、法官、知识产权专家、大学教师、科技专家等。

第二节 兴趣与职业

在择业或创业过程中，每个人最大的竞争优势，往往并不是自己当前的技能，而是来自自己愿意以最大的热忱和渴望所做的一切努力。这种渴望会引导一个人一步步克服障碍，不断在实践的过程中寻找最优的解决方案并最终走向成功。这种渴望表现在现实中就是兴趣。很多人都根据自己的专业或者当前的专长选择职业，却很少或者根本不考虑自己的兴趣。事实上，有很多人工作上还取得了一定的成绩，但是他们对自己所从事的工作缺乏真正的兴趣，结果就出现了所谓的“金手铐”现象。虽然自己并不喜欢所从事的工作，但是当前不错的收入和保障，又让他们很难下决心去改行做符合自身兴趣的工作。每个人都有自己独特的兴趣模式，一个人能够在某条职业道路上发展，但是假如不是建立在职业兴趣的基础上，他的工作热忱就很难持久，更不可能把该职业作为终生的志向和追求。

一、兴趣理论

（一）兴趣内涵

兴趣是人们力求认识某种事物和从事某项活动的意识倾向。它表现为人们对某件事物、某项活动的选择性态度和积极的情绪反应。

兴趣以需要为基础。需要有精神需要和物质需要，兴趣往往是基于精神需要（如对科学、文化知识等）。人们若对某件事物或某项活动感到需要，他就会热心于接触、观察这件事物，积极从事这项活动，并注意探索其奥秘。兴趣又与认识和情感相联系。若对某件事物或某项活动没有认识，也就不会对它有情感，因而不会对它有兴趣。反之，认识越深刻，情感越炽烈，兴趣也就会越浓厚。兴趣是指“个人”对特定的“事物”“活动”以及“人为对象”所产生的带有倾向性、选择性的态度和情绪。

根据兴趣产生的方式，可以将兴趣分为直接兴趣和间接兴趣。直接兴趣是人对事物本身或活动过程本身感兴趣。间接兴趣是人对活动的结果感兴趣。直接兴趣的作用时间短暂，而间接兴趣的作用比较持久。兴趣不只是对事物的表面的关心，任何一种兴趣都是由于获得这方面的知识或参与这种活动而使人体验到情绪上的满足而产生的。例如，一个人对跳舞感兴趣，他就会主动地、积极寻找机会去参加，并且在跳舞时感到愉悦、放松和乐趣，表现出积极而自觉自愿。因此，选择职业时如果能把兴趣贯彻注入职业活动中，职业活动一定会取得较好的效果。

兴趣的发展一般经历有趣、乐趣、志趣三个阶段。有趣是兴趣过程的第一个阶段，也是兴趣发展的初级阶段，往往非常短暂和不稳定，有时候是盲目的。处于这一阶段的兴趣常常与对某一事物的新奇感相联系，随着这种新奇感的消失，兴趣也会自然消失。乐趣是兴趣过程的第二阶段，它是在有趣定向发展的基础上形成的，是兴趣发展的中级阶段。在这一阶段，人的兴趣变得专一、深入起来。志趣是兴趣发展的第三阶段，当乐趣同社会责任感、理想和奋斗目标结合起来时，乐趣就变成了志趣。志趣是取得成功的根本动力，是成功的重要保证。

（二）职业兴趣对职业选择的作用

兴趣可以通过增强工作动机来促进能力的发挥，当兴趣与能力合理结合起来时，能大大提高工作效率，增强职业生涯的适应性。因此，人们在选择职业时，更倾向于寻找与自己兴趣有关的职业，当外界环境限制较少时，更倾向于选择自己感兴趣的职业。有研究表明，如果一个人从事他感兴趣的工作，能发挥他全部才能的80%~90%，长时间保持高效率并且不感到疲劳；如果对他从事的工作不感兴趣，则只能发挥他才能的20%~30%，而且容易筋疲力尽。此外，兴趣也能影响工作满意感和稳定性，一般来说，从事自己不感兴趣的职业，很难让人感到满意，并因此感到工作不稳定。

个体在生命早期所形成的兴趣是不稳定的，只有到了一定的年龄阶段（成年），才能形成稳定的、现实的职业兴趣。职业环境的变化和社会生活的日益丰富、科学技术的发展、新行业和新职业的不断出现，都会对人的兴趣产生影响。有的人兴趣一经形成就稳定不变，尽管以后兴趣面不断拓宽，但始终保持原来的职业兴趣。有些人则职业兴趣多变，缺乏稳定性和持久性，对某一职业很容易发生兴趣，但很快又会被另一种职业兴趣所代替。在选择职业时，这种态度很难适应职业生涯的要求。只有稳定的职业兴趣才能推动深入理解问题，从而获得系统和深刻的知识，奠定成功的基础。

（三）霍兰德兴趣类型理论

约翰·霍兰德是美国约翰·霍普金斯大学心理学教授，美国著名的职业指导专家。他于1959年提出了具有广泛社会影响的职业兴趣理论。霍兰德的职业兴趣理论认为兴趣是描述人格的另一种方法，是职业选择中一个更为普遍的概念。直至目前，霍兰德职业兴趣理论是最具影响力的职业发展理论和职业分类体系。国内相关职业生涯的书籍，对该理论都有详尽的介绍。

该理论认为人的人格类型、兴趣与职业密切相关，兴趣是人们活动的巨大动力，凡是具有职业兴趣的职业，都可以提高人们的积极性，促使人们积极地、愉快地从事该职业，且职业兴趣与人格之间存在很高的相关性。霍兰德认为人格可分为现实型、研究型、艺术型、社会型、企业型和常规型六种类型。

霍兰德的职业兴趣理论主要从兴趣的角度出发来探索职业指导的问题。他明确提出了职业兴趣的人格观，使人们对职业兴趣的认识有了质的变化。霍兰德的职业兴趣理论反映了他长期专注于职业指导的实践经历，他把对职业环境的研究与对职业兴趣个体差异的研究有机地结合起来，而在霍兰德的职业兴趣类型理论提出之前，二者的研究是相对独立进行的。霍兰德以职业兴趣理论为基础，先后编制了职业偏好量表（Vocational Preference Inventory）

和自我导向搜寻表（Self-directed Search）两种职业兴趣量表，作为职业兴趣的测查工具。霍兰德力求为每种职业兴趣找出两种相匹配的职业能力。兴趣测试和能力测试的结合在职业指导和职业咨询的实际操作中起到了促进作用。

霍兰德将其职业人格类型理论运用于美国劳工部制定的职业条目词典，增加其中职业分析的有关内容，将其中12099种职业赋予霍兰德人格类型代码。编纂了“霍兰德职业代码词典”，为各类人员按照自己的职业兴趣类型搜寻合适的职业提供了广泛的应用前景。在职业兴趣测试的帮助下，个体可以清晰地了解自己的职业兴趣类型和在职业选择中的主观倾向，从而在纷繁的职业机会中找寻到最适合自己的职业，避免职业选择中的盲目行为。尤其是对于大学生和缺乏职业经验的人，霍兰德的职业兴趣理论可以帮助做好职业选择和职业设计，成功地进行职业调整，从整体上认识和发展自己的职业能力，职业兴趣也是职业成功的重要因素。

二、自我职业兴趣探索

探索自我的职业兴趣可以参考霍兰德职业测试进行。这里仅介绍《加拿大职业分类词典》中各种职业兴趣类型的特点和相对应的职业，并且每一种类型提供一组测试试题，方便大家对依据职业兴趣的职业分类有一个基本认识。其中在答“是”的总次数一栏中，得分越高，相应的兴趣类型就越符合你的职业兴趣特点；得分越低，相应的兴趣类型越不符合你的职业兴趣的特点。然后对照各种兴趣类型所对应的职业，给自己的职业生涯定位。

（一）愿与事物打交道

这类人喜欢同事物打交道（如工具、器具或数字），而不喜欢从事与人和动物打交道的职业。相应的职业有：制图员、修理工、裁缝、木匠、建筑工、出纳员、记账员、会计等。

测试题1

1. 你喜欢自己动手修理收音机、自行车、缝纫机、钟表等具有可拆卸

功能的一类器具吗？（　　）

2. 你对自己家里使用的电扇、电熨斗、缝纫机等器具的质量和性能了解吗？（　　）

3. 你喜欢动手做小型的模型（诸如滑翔机、汽车、轮船、建筑模型等）吗？（　　）

4. 你喜欢与数字、图表打交道（诸如记账、制表、制图）一类的工作吗？（　　）

5. 你喜欢自己手工制作工艺品吗？（　　）

（二）愿与人接触

这类人喜欢与他人接触的工作，他们喜欢销售、采访、传递信息一类的活动。相应的职业有：记者、营业员、服务员、推销员等。

测试题2

1. 你喜欢在别人购买东西时当参谋吗？（　　）
2. 你热衷参加集体活动吗？（　　）
3. 你喜欢接触不同职业的人吗？（　　）
4. 你喜欢拜访别人、爱与人讨论各种问题吗？（　　）
5. 你喜欢在会议上积极发言吗？（　　）

（三）愿做有规律的工作

这类人喜欢常规的、有规律的活动，在预先安排的条件下做细致工作。相应的职业有：图书馆管理员、办公室职员、档案整理员、打字员、统计员等。

测试题3

1. 你喜欢没有干扰的、有规则地从事日常工作吗？（　　）
2. 你喜欢对任何事情都预先作周密的安排吗？（　　）
3. 你善于查阅字典、辞典和资料索引吗？（　　）
4. 你喜欢按固定的程序有条不紊地工作吗？（　　）
5. 你喜欢把事物分类和归档的工作吗？（　　）

（四）愿从事社会福利和助人的工作

这类人乐意帮助别人，试图改善他人的状况，喜欢独自与人接触。相应的职业有：医生、律师、护士、心理咨询人员等。

测试题4

1. 你喜欢倾听别人的难处并乐于帮助他们解决困难吗？（　　）

2. 你愿意为他人提供举手之劳的帮助吗？（　　）

3. 在日常生活中，你愿给人们提供志愿服务吗？（　　）

4. 你喜欢向别人传授知识和经验吗？（　　）

5. 你排斥照顾病人的事情吗？（　　）

（五）愿做领导和组织工作

这类人喜欢管理工作，爱好掌管一些事情，他们在企事业单位中起着重要的作用。相应的职业有：高校辅导员、企事业单位中的行政人员和其他管理人员等。

测试题5

1. 你喜欢主持班级集体活动吗？（　　）

2. 你喜欢接近自己的老师吗？（　　）

3. 你喜欢在人多时当众发表自己的观点和意见吗？（　　）

4. 如果你是班长，当老师不在时，自己能主动维持班里学习和生活的正常秩序吗？（　　）

5. 你具有强烈的责任感和工作魄力吗？（　　）

（六）愿研究人的行为

这类人喜欢谈论涉及人的主题，他们爱研究人的行为举止和心理状态。相应的职业有：心理专家、政治学学者、伦理学学者、人类学学者等。

测试题6

1. 你喜欢读文学著作中对人内心世界的细致描写吗？（　　）

2. 你喜欢听人们谈论他们的活动和想法吗？（　　）

3. 你喜欢观察和研究人的心理和行为吗？（ ）

4. 你喜欢阅读有关领导人物、政治家、科学家等名人的传记吗？（ ）

5. 你很想了解世界各国的政治和经济制度吗？（ ）

（七）愿从事科学技术事业

这类人喜欢分析的、推理的、测试的活动，擅长理论分析，喜欢独立解决问题，也喜欢通过实验获得新发现。相应的职业有：科学家、工程师等各类科学研发人员。

测试题7

1. 你喜欢参观科技展览或收听（收看）科技新消息的节目吗？（ ）

2. 你喜欢阅读科技杂志吗？（ ）

3. 你想了解生机勃勃的大自然的奥秘吗？（ ）

4. 你想了解使用科学精密仪器和电子仪器的工作吗？（ ）

5. 你喜欢复杂的绘图和设计工作吗？（ ）

（八）愿从事抽象性和创造性的工作

这类人喜爱需要有想象力和创造力的工作。相应的职业有：演员、创作人员、设计人员、画家等。

测试题8

1. 你想设计一种新的发型或服装吗？（ ）

2. 你喜欢画画吗？（ ）

3. 你曾经尝试着写小说或编剧吗？（ ）

4. 你很想参加学校宣传队或演出小组吗？（ ）

5. 你爱用新方法、新途径来解决问题吗？（ ）

（九）愿做操纵机器的技术工作

这些人喜欢运用一定的技术，操纵各种机械，制造产品或完成其他任务。相应的职业有：机床工、驾驶员、飞行员等。

测试题9

1. 你喜欢操作机器吗？（　　）
2. 你很羡慕机械类工程师的工作吗？（　　）
3. 你想了解机器的构造和工作性能吗？（　　）
4. 你喜欢驾驶机动车或电动汽车吗？（　　）
5. 你喜欢参观和研究新的机器设备吗？（　　）

（十）愿从事具体的工作

这类人喜欢制作看得见、摸得着的产品，希望很快看到自己的劳动成果，他们从完成的产品中得到自我满足。相应的职业有：厨师、园林工，理发师、美容师、室内装饰工、工人等。

测试题10

1. 你喜欢从事非常细致的工作吗？（　　）
2. 你喜欢做很快就看到产品的工作吗？（　　）
3. 你喜欢做让别人看到效果的工作吗？（　　）
4. 你喜欢做所用时间比较短但效果很明显的工作吗？（　　）
5. 你喜欢做动手性强的事情（诸如织毛衣、烧饭等）吗？（　　）

第三节　家庭与职业

家庭是个人成长的第一环境，家庭中的亲子关系以及家庭所衍生、涉及的社会资源对就业有着直接且显著的影响。父母所提供的帮助以及对子女施加的影响，在特定条件下对大学生就业创业选择的方向起着决定性作用。家庭对青年学生就业意识形成所起的作用极为突出，家庭对子女选择职业的影响分为积极的和消极的两个方面：

一、家庭对大学生职业选择的积极影响

父母对子女的影响很大，这是人所共知的事实。尤其是就业创业关乎到子女未来的生活和未来的社会地位，父母对子女就业选择起到重要作用。

首先，从大学生的自身价值形成看，父母是关键要素之一。他们对于孩子选择什么样的职业有着潜移默化的影响作用，他们的教育方式方法会影响到大学生的职业兴趣和就业选择的主动性、积极性。其次，家庭是支持当个人就业选择的重要因素，大学生作为有知识且具有强烈自我意识的群体，当个体选择与家庭期望不一致时，这个矛盾解决大多数情况下是父母的妥协，这对于大学生就业选择支持有着其他要素不可替代的作用。依据中国国情，大学生在未就业前属于纯粹的“消费者”，更重要的是他们接受教育的年限比同龄人更长，进入社会更晚，社会经验较少，选择职业时理想性的考量往往多于功利性的考量，直白一点说，那就是职业理想往往远远高于社会现实。父母以社会经验来指导子女，大学生因自身经历单纯和强烈的自我意识，在一定程度上存在逆反心理，因为爱子女而妥协的情况比比皆是。最后，家庭对孩子的毕业就业还有一种更直接的情况，那就是直接参与大学生就业决策，甚至替代其进行职业选择。在中国传统文化中，养儿防老观念根深蒂固，当大学生大学毕业，想远走高飞或者按照自己的意志选择职业时，有些父母会从功利的角度出发，给子女职业选择划定一系列原则，比如地域、行业等，限制孩子选择范围，要求其按自己的情感或家庭意志进行选择等。这种情景，在特定情况下，对大学生就业有利，因为个别大学生在大学生涯中自我选择能力严重不足；而对那些有理想、有追求、有担当的孩子，影响则是消极的。

二、家庭对子女职业选择的消极影响

任何事情都不能过度，父母对孩子的爱过度了就成了溺爱；当父母对孩子的期望过高，盼望孩子以就业来实现鲤鱼跳龙门，成为社会佼佼者，这会为大学生的务实就业选择带来消极影响。众所周知，我国就业形势十

分严峻，择业时期望一步到位，对大部分大学生来说，十分困难。骑驴找马对很多人来说是务实的选择。

首先，父母对子女的职业选择期望值过高会带来压力。千百年来依靠知识改变命运的观念深入人心，许多家庭供孩子上大学目的在于让子女实现人生的转折。现实的不幸是，高等教育的大众化让大学生成为普通劳动者，且在竞争激烈的情景中，许多大学生可能被迫从事职业声望不高、社会认可度差的职业，这与父母的期望形成鲜明对比，因此让大学生在择业时倍感压力。

其次，父母对就业的干预容易引起大学生的逆反心理。在现实中，难免会有部分家长动用自己的社会资源，为自己的子女谋求好的工作。在社会主义市场经济发展的今天，尽管法治、公平、公开等观念深入人心，但传统文化中人情社会观念在就业选择过程中表现依然突出。大学生群体接受了社会主义核心价值观的一般教育，对公平等观念有深度的道德责任感，面对自己父母安排好的工作，有可能产生强烈心理冲突，从而影响大学生的心理健康状态。

最后，父母把自己的理想投射到子女身上会影响到大学生的自主选择。不可否认，有的父母，因为过往的岁月，在人生理想实现上存在这样或那样的遗憾，就会把自己的理想投射到孩子身上。导致大学生毕业就业选择时，被强烈地打上父母的意愿痕迹。父母把自己的期望当做子女的理想时，对子女职业选择干扰的负面作用更大。还有一部分父母素质比较高，大多是成功人士，这给孩子们提供了良好的生活和学习条件。因为做父母的自己太成功了，太优秀了，就很难真心接受孩子的平凡，容易对孩子的期望太高、要求太多。父母今生已经成功了，孩子一定要更加成功。“长大孩子比自己强”，如果自己的孩子，未来不如自己，不如别人，就会觉得十分失败。当然，上述两种情况，不论哪一种都是一种荒唐的演绎，是经不起推敲的逻辑。做父母的，一定要明白：子女是自己生的，但他和自身是茫茫人海中不同的两片树叶，子女不一定和你一样聪明能干，但他肯定有他自己的精彩人生。

第二章 情绪管理

在择业或创业过程中，大学生会遇到纷繁复杂的各类人际交往情景，这会时刻影响着他们的情绪。积极的情绪，能帮助大学生适应就业环境，激发大学生应对复杂环境的潜在能力；消极的情绪，容易挫伤大学生处理各类问题的积极性，甚至会导致他们懒于追求自我目标，甚至消极等待的心理。因此，大学生在就业或创业过程中需要做好自己的情绪管理，因时因地地调整自我的情绪，以应对各类问题。

第一节 好情绪坏情绪

情绪是什么呢？如果说情绪存在于我们的体内，那么我们可以随心所欲地控制自己的情绪吗？好像也有不能的时候吧！因为有时候，本来不应该发火，却总是生气；想和朋友和解，却还是心存怨恨。以此来看，人的情绪相对于性格具有极大的不稳定性，情景的变化会牵涉到情绪的变化。情绪的两极性，尤其是好情绪与坏情绪的转变，不仅与实际情景紧密相连，还与个人把握情绪波动规律，规避不良情绪有关。

一、情绪的内涵

情绪是客观世界作用于个人内心的一种外在体现，是人对外界事物、事件与自身需要之间关系的反映。在心理学理论中，根据情绪发生的速度、强度和持续时间的长短，可以把情绪划分为心境、激情和应激。

（一）心境

心境通常叫作心情，是个体面对外在世界时一种背景性的、持久的具有弥漫性的情绪体验。它不指向特定事件，是个体价值观在心理上一种显性体现，它是对所有外在客观事物的态度体验。愉快的心境可以让人放松，能推动个人愉快看待事情；不愉快的心境，让人感到沉重郁闷，消极对待事物，做任何事情都不感兴趣。心境的持续时间可短可长，短则数小时，长则数月。

心境往往由对人具有重要意义的事件引起。在择业或创业过程中，任何一个事件都有可能改变学生的心境。作为大学生个人来说，未必能清楚意识到改变自我心境的那个主要事件。但大学生需要明确，一方面愉快的心境，会激发大学生择业创业积极性；另一方面，择业创业过程中挫折也会影响甚至让大学生陷入不愉快心境中。因此，心境的变化与自身择业创业行为是双向互动，这样大学生可以通过矫正心境促进行动，也可以通过积极行动改善心境。这要求教育工作者在择业创业心理教育过程中，应注意培养大学生积极、乐观的心境。

（二）激情

激情属于一种持续时间较短、强度较大的情绪状态。激情缘起跟事件的突发性、事件对个体影响的重大性有关。激情有害还是有利，与具体的情境有密切联系。激情状态下，人的智慧和潜能有可能被激发；另外一种比较常见的是激情状态下，个人的理智被情绪控制，判断力、分析能力降低，行为与个人平常行为习惯大相径庭，可能会产生让个人后悔的决定。

在择业或创业过程中，大学生所掌握的各类信息与用人单位的需求存在不对称性，再加上学生涉世不深，容易被特定情境激发激情。大学生应该明白，择业过程中的任何行为都会给用人单位和自身带来重大影响，激情之下的行为的不适当性概率很高，越是在激情状态下，越应该控制自我的情绪，更应该避免在此刻做任何决定。

（三）应激

应激反应属于人的一种本能，它是个人遇到意外事件或危险情景时出现的高度紧张的情绪状态。

能够引起应激反应的事物叫应激源。个人应激反应，包括生理反应和心理反应。心理反应包括认知、情绪和自我防御反应，如出现认知障碍，焦虑、恐惧、愤怒、抑郁的情绪，或者采取某种行动以减轻应激带给自己带来的紧张。

择业过程中，由于择业市场属于买方市场，大学生竞争激烈，个人期望值与现实、个人自信程度与现实之间都存在一定落差，如果某个大学生对某用人单位期望较高且个人自信可以进入这一单位，而最终结果是被拒聘，那这种情况就属于意外事件，对个人冲击就会比较大；创业过程中，各个要素相互协调才能顺利进行，假如某一关键要素在关键时刻没能发挥作用，那对个体而言也属于一个应激源。

二、人际交往的情绪状态

情绪多变，不意味着找不到规律。在社会心理学视野中，人际交往的情绪波动有其明显轨迹。认知其中几种基本的情绪状态可以帮助我们采取相应的措施去进行管控。

（一）社交焦虑及解决办法

1. 社交焦虑

人际交往中的焦虑是一种与人交往时候，情绪上觉得不自然、不舒服甚至是紧张的一种心理体验。不管是择业还是创业，本质还是与人打交道。社交焦虑对于找工作或创业造成的困难，不言而喻。

在人际交往中，如果交往对象能够理解个体的焦虑状态，那这种焦虑情绪就可以得到缓解；反之，则会加剧个体的焦虑心理。在就业背景下，大学生与用人单位具体招聘人员的交往，多属于正式场合的交往，再加上对方在交往中由于地位和社会经验所占优势，容易使得具有焦虑情绪的大学生更加焦虑。这种情绪表现在生理上，会出现出汗、脸红、心慌等状态，这会让招聘方明确感受到。

2. 缓解社交焦虑的技巧

社交焦虑是一种负面的情绪体验，它的形成与个人成长经历有关。完全消除就业或创业过程中的社交焦虑，不可能在一次人际交往过程中完成，它需要个体在日常的人际交往中，有计划、有目的地去训练解决。针对大学生择业过程中，可能出现的社交焦虑，教育工作者要提前进行心理教育。

（1）促进个体对情绪的感知和理解

我们能够调节自己情绪的一个前提就是我们能够感知自己在哪种情绪状况下。并且对情绪的理解也很重要，当一个社交场合在我们面前，我们感到焦虑和紧张，这只是一个笼统的感觉，如果更深一步理解，我们需要先问自己，“在这个情绪下，我在想什么？”——例如“我担心我说的话被人忽视”；然后不断向下追问“这（被人忽视）对我意味着什么？”——也许答案是“影响招聘者的最终决定”。通过内心的追问，理清自我焦虑的情绪源头，理解择业过程中的焦虑，多是担心自己表现不好而影响了用人单位的最终录用结果。如果能够提前引导大学生调整好就业心态，那焦虑和紧张的缓解就能有较好的心理基础。

（2）学会悦纳自我的情绪

在感知和理解到焦虑和紧张情绪之后，我们要尝试接纳这些情绪。我们可以以“当面临与人打交道或面试的相关场景时，任何人都会有这样的情绪，我不是一个人这样”的类似思维进行思考。这一思维的训练，能够将这种社交焦虑的状况给正常化。我们也可以尝试着重复这个想法：“这个用人单位能不能录用我，尽管对我很重要，但我觉得只要我努力了，就不会有遗憾了。”

（3）练习控制冲动行为

有些人紧张的时候手抖、出汗、浑身战栗。如何控制这样的行为？需要一些放松的小技巧，比如找个舒服的沙发、深呼吸、放松肌肉或者把注意力集中在自己身体的某个部位，感受那个部位的感觉，然后放松它，从脚趾头到头顶，一个部位一个部位地去关注它们。如果你自己很难集中注意去做这件事，可以跟学校的心理咨询师具体学习一些缓解紧张的其他技巧。

（4）总结情景特异性的调节策略

我们可能在一个全是陌生人的聚会上非常的焦虑，但是在一个四个人的聚餐，其他三人都是自己熟透了的哥们面前就不焦虑。这就叫情绪的情景特异性。而情绪调节也有这样的特异性，或许你在一百人面前做一个演讲，你运用提前准备，打好草稿，逐字背诵的方法就能够把自己的紧张调节到正式演讲时不会全身发抖的状态（当然，可能存在的情况是，在台上你的心跳加速、血压升高，但是没有外显的紧张出来），但是，一个朋友心血来潮拉你去了一个朋友聚会，事先没告诉你有哪些人，结果到了你发现除了他，你谁都不认识，这时候你不断在脑子里打草稿该如何介绍自己、如何和他们打招呼，结果一开口还是结结巴巴。这就是说同样一个情绪调节的策略，在不同场合效果就不一样。

基于这一观点，处理情景特异性，我们需要把情绪调节和我们个人目标相结合。就业或创业，是大学生必须面对一种社交情况，我们的目的是通过交流让对方对自己有好的印象，并为最终录取提供基础。大学生要做的就是不断地认识自己在哪些就业场合会焦虑紧张，而且要更深刻地认识到这种焦虑和紧张背后的原因是什么，并且发现在哪些场合下、哪些方式可能是有效能够调节这种情绪的。然后将自己的情绪调节和自我的追求的就业或创业目标选择进行整合，不断坚定自我的意志。因此，当一个大学生能够将自己的情绪调节和就业创业的目标结合起来的时候，就会对可能出现的失败或焦虑紧张保持一定的警惕心理，从而能够一定程度上缓解这种焦虑。

（二）羞耻感及缓解办法

1. 羞耻感

人际交往中的羞耻感，多是因为个体在人格、能力、外貌等方面与社会一般认知不一致时，产生过的痛苦体验。羞耻感强烈的个体，沮丧、自我怀疑等负面情绪强烈，在人际交往中主动自我孤立、远离他人。适度的羞耻感有利于个人自我约束、帮助自我主动适应社会。

美国精神病学家詹姆斯·吉里根的工作对象始终是重刑犯，他们的暴力罪行大都荒唐古怪。尽管犯罪原因各不相同，但吉里根发现了一个共同点："所有暴力罪行都是由羞耻和屈辱引发的。"他注意到这些罪犯往往"一生都在受人轻蔑和鄙视"。对他们来说，受辱比死亡更加可怕。"世界上最危险的，"吉里根说，"正是那些害怕被人视为懦夫的人"。这种观点有失偏颇，我们要加以批判。羞耻感其实不是一种现实中个体面对他人评价时所产生的心理状态，而是个人在人际交往时自我对交往情况的一种想象而产生的心理状态。羞耻感与个人特质的正确认知有关，缓解羞耻感，需要从正确认识自我的优缺点开始。心理学家认为，人们通常不会因为某件事或自己的行为感到羞耻，而是因为自己的身份，尤其在感到自己的缺点被曝光，并被人看见或以为被人看见之时。分析就业过程中引发大学生羞耻感的原因，可以看到是对自我缺点认知的偏颇，而不是交往对象有意引发的羞耻感，比如有些大学生因为专业冷僻，有的是因为专业知识不够扎实，还有一些大学生可能沉迷于游戏，与他人交往实践不足等，这些都是缺点，但不能构成影响就业成败的决定性因素。

2. 缓解羞耻感的技巧

羞耻感对于就业创业过程中的人际交往正常进行具有负面影响。羞耻感程度较重的话，就会阻碍学生的自我认知，并破坏招聘者与大学生之间的关系，会使得个体患得患失，不敢表现自我，在无形中就会使大学生失去许多就业机会。因此需要引导大学生全面认识自我的优缺点，并帮助学生正确评估这些优缺点在就业、创业中的作用。作为教育工作者，我们可能无法使大学生完全避免在就业或创业过程中因为自身某些弱点而引发羞耻感的行为，但我们可以通过心理教育帮助学生减轻这种负面情绪。我们的目标应是在鼓励大学生在肯定自我的基础上，不断努力。

作为教育者，有许多方式可以使我们帮助学生缓解羞耻感。我们可以传播社会主流价值观，在潜移默化中塑造大学生形成正确价值观，改变学生的社会认知，保护大学生免受羞辱感困惑；我们可以坚持一个简单原则，即只要有可能，对大学生个人缺点的指正都应该私下进行——因为当众教育或令大学生难堪均易让他们深感羞耻。在大学生因择业或创业面对难以应对的困难时，我们不能过多指责他们的做法的利弊，而是要站在大学生角度，询问他为何觉得自己感到“自卑”；和他一起探究是什么使他对自己失去信心，而且还可以和他共同讨论怎样才能改善目前的情绪。

（三）内疚感及缓解办法

1. 内疚感

内疚感是个体对于某些事件未能达到理想状态进行归因时，认为自己应负主要责任，由此所产生的强烈的不安、羞愧甚至是负罪感的情绪体验。内疚是一种非常重要的自我意识情绪，同时也是一种道德情感，一个缺乏内疚感的大学生，不易对自己的过错进行反省，很难认识到自己的错误并改正错误，更不会因为自己的错误而做出弥补性的行为，这将阻碍他们良好道德品质的巩固以及责任心的发展。

每一个大学生背后都是一个鲜活的家庭。择业不仅关系到大学生本人，还与家庭期望能否实现有关。在此背景下，大学生所遇到的问题以及困惑，容易造成大学生对于家庭和父母的内疚感。适度的内疚感，对个人改掉缺点、激发斗志有正面作用；过度的内疚感，就成了一种负面情绪，会影响个人潜能的发挥。

2. 内疚感的缓解办法

在内疚感表现中，大多数人对自己评价偏向于负面。在归因择业或创业遇到问题时，有强烈内疚感的人，不是客观分析遇到问题的原因，而是谴责自己是行为不良的人，或自称是到处碰壁的人、不中用的人、无足轻重的人、自惭形秽的人等等。这种情况，择业过程中的大学生群体，更容易遇到。这里有五种方式可以帮助大学生缓解内疚感：

第一种：当产生内疚感时问问自己：“难道我是故意而为之？难道我知道这件事会有什么结果？”假如你的回答是“不”，那么应该想想，任何一个人都不可能预知未来。当初行动时深信自己的行为方式是正确的，是基于当时当地的情景做出的判断。从内心深处应该承认，自己和其他许多人一样是一个会犯错误的有缺点的人。

第二种：假如你真的做了什么被认为是错误的事，那么不妨想一想，你和自己的行为并不能画等号。你要明白，你的不良行为并没把自己变为一个坏人。

第三种：遇到问题或挫折时应时常想到："我之所以这样做，是因为我认为这是正确的。出了这种事，我很遗憾，但是我不可能把一切事都办好。我已尽力而为了。我只能照我此时此刻所想到的、至今为止所积累的经验去做，尽管可能有更好的方法。"你要考虑一下，是否可以弥补这件事。倘若不能，你不妨平心静气地承认自己的不足之处，并考虑以后如何能避免这个错误。

第四种：我应该对父母承担责任，但我不能完全根据父母的期望和要求来规划人生。我只能根据自我的理想和实际来选择就业岗位或创业理想。也用不着感到对此负有责任。这并不是说父母的期望和大学生毫无关系，而是说不能让父母左右自我或者说让父母代替自我做选择。

第五种：学习改变对待事情的理念，并试着改变评价事情的方式："我应该……我必须……我不可以……"请用愿望来代替要求。你可以说："要是……该多好"；"我很乐意……"比如，你可以对自己说："假如我不犯错误该多好"，而不是说"我不该犯错误"，别对自己求全责备。你不是超人，而只是一个并非十全十美的凡人。

第二节　压力与情绪

"压力山大"，一句网络世界中非常流行的用语，却揭示了时下各个社会阶层的普遍心态。当前大学生就业市场竞争激烈，毕业时刻就业压力就像空气一样无时不在挤压着大学生。大学生作为即将进入社会的群体，作为自我意识强烈、知识丰富的个体，对压力的感受尤为敏感，尤其面临择业、创业人生抉择的时刻，压力肯定会给个体情绪造成波动。

一、压力的内涵及测定

（一）压力与压力源

压力是压力源和心理压力反应共同构成的一种认知和行为体验过程。

压力源又称应激源或紧张源，是指任何能够被个体知觉并产生正性或负性压力反应的事件或内外环境的刺激。在现实生活中，压力源是导致个体产生压力反应的情景、刺激、活动和事件。为了帮助我们更好认知压力源，学者们对压力源依据多种标准进行了不同的分类。这里仅介绍按照压力对主体的影响进行的分类：

生物性压力源：这是一组直接阻碍和破坏个体生存延续的事件。包括躯体疾病创伤或疾病、饥饿、睡眠剥夺、噪音、气温变化等。这种压力源反映在择业心理上，与个体自身条件有极大关系，并不具有普遍性，因此对此只能是根据学生个体的心理需求进行调控。

精神性压力源：这是一组直接阻碍和破坏个体正常精神需求的内在事件和外在事件。包括错误的认识结构、个体不良经验、道德冲突及长期生活经历造成的不良个性心理特点等。

社会环境性压力源：这是一组直接阻碍和破坏个体社会需求的事件。分为两方面：纯社会性的，如重大社会变革、重要人际关系破裂、家庭长期冲突、战争、被监禁等；第二类是由自身状况，如个人精神障碍，传染病等造成的人际适应问题，如恐人症，社会交往不良等社会环境性压力源。

需要指出的是，心理学界将压力源分为三种类型，只是理论分析的需要，真实情况比这复杂的多。因为纯粹的单一的压力源，在现实生活中极少，多数压力源都涵盖着两种以上的因素，特别是精神性压力源和社会性压力源，有时是浑然一体的状态。由于三种压力源之间有着不可分割的联系，所以我们在实践领域，尤其是干预大学生择业创业心理，在分析求助者心理问题的根源时，必须把三种压力源作为有机整体加以考虑。

（二）压力的内省体验性质

压力源的存在是产生压力的基础条件。但心理学所说的压力是个体能够经历和体验到的压力，即人的内心冲突和与其伴随的强烈情绪体验。在择业或创业过程中，大学生肯定会遇到各种各样、有时是互不相容的选择困境，心理作为对现实的反映，一定会有一定程度的心理冲突甚至是挫折。心理学家勒温和米勒曾以冲突的形式，将内心冲突分为如下四类：

1. 双趋冲突

即有两个同样具有吸引力，但又不相容的目标，都想达到，由于当时条件的限制只能达到一个目标，而产生的心理冲突，比如我们经常所说的鱼和熊掌不可兼得。当个体大学生自身能力素质较高时，面对择业还是创业的选择上，就有可能形成这种双趋冲突局面；当面对不同用人单位录用可能时，面对不同的吸引力，也会形成这样的局面。

2. 趋避冲突

即对同一目标既想达到，又想回避时产生的心理冲突。通常这类目标既有吸引力，要需承担一定风险才能达到。学生面对创业时，想到创业辉煌带给自我和家庭的荣誉感，就会信心百倍；想到创业风险，就会倍感沉重。这需要大学生经过激烈的心理斗争，体验趋避冲突的压力，才能做出抉择。

3. 双避冲突

即当一个人同时面临两件令人讨厌，都想避免的事情，但由于条件的限制不可能同时避免时产生的心理冲突：前有悬崖，后有追兵。双避冲突比双趋冲突对人危害大，而且也比较难于解决。这种局面的出现，主要是学生在找工作与考研继续深造方面选择的冲突，一方面找工作竞争激烈，找到理想工作岗位十分困难，另一方面考研也不容易，即使考上了，将来的择业前景并不十分确定，两条路都十分艰难。

4. 双重或多重趋避冲突

同时存在两种或两种以上的选择，都是既有利又有弊。多重趋避冲突是最难以取舍的心理冲突。如选择工作时，如果一个工作机会工资高，却没有发展前途；另一个工作机会工资低，却有发展前途。当大学生面临这种情况时，无论做出何种选择，都是一种有缺憾的抉择，于是就会出现双重趋避冲突。

（三）压力的测定

知觉压力是个体意识到现实生活提出的并超出个人能力的事件。确定个体面对压力的心理状态，才能更好指导学生择业创业。目前在心理学界，理想合理并且信度和效度较高的压力测量方法，仍在探索之中。公认的比较有效的方式有：社会再适应量表、日常生活中小困扰的测量、知觉压力的测评。

测评知觉压力，就是让大学生说出在择业、创业过程中，有哪些事件超越了自身的应对能力。结合大学生择业、创业的实际，这里主要介绍知觉压力测评的运用。目前我国常用的知觉压力量表是杨延忠教授修订的（问卷一）。但这一问卷只能测定一般压力，运用于择业中还需要改造，因此我们借鉴他人，提供了一份就业压力问卷（问卷二），对就业中或创业过程中的大学生知觉压力进行测定。

（四）压力知觉量表及使用说明

1. 压力知觉量表问卷（单选题）

这份量表是在询问最近一个月来，您个人的感受和想法，请您在进行每一个题目作答时，去指出您感受或想到某一特定想法的频率。虽然有些问题起来相似，实则是有所差异，所以每一题均需作答。而作答方式尽量以快速、不假思索方式填答，请不要刻意去思考每个问题背后的意思。每个题目都有五个相同选项，每个选项的赋值分别为从不1分、偶尔2分、有时3分、时常4分、总是5分。

最近一个月来		选项
Q1	一些无法预期的事情发生而感到心烦意乱	A. 从不　B. 偶尔　C. 有时　D. 时常　E. 总是
Q2	感觉无法控制自己生活中重要的事情	A. 从不　B. 偶尔　C. 有时　D. 时常　E. 总是
Q3	感到紧张不安和压力	A. 从不　B. 偶尔　C. 有时　D. 时常　E. 总是
Q4	成功地处理恼人的生活麻烦	A. 从不　B. 偶尔　C. 有时　D. 时常　E. 总是
Q5	感到自己是有效地处理生活中所发生的重要改变	A. 从不　B. 偶尔　C. 有时　D. 时常　E. 总是
Q6	对于有能力处理自己私人的问题感到很有信心	A. 从不　B. 偶尔　C. 有时　D. 时常　E. 总是
Q7	感到事情顺心如意	A. 从不　B. 偶尔　C. 有时　D. 时常　E. 总是
Q8	发现自己无法处理所有自己必须做的事情	A. 从不　B. 偶尔　C. 有时　D. 时常　E. 总是
Q9	有办法控制生活中恼人的事情	A. 从不　B. 偶尔　C. 有时　D. 时常　E. 总是
Q10	常觉得自己是驾驭事情的主人	A. 从不　B. 偶尔　C. 有时　D. 时常　E. 总是
Q11	常生气，因为很多事情的发生是超出自己所能控制的	A. 从不　B. 偶尔　C. 有时　D. 时常　E. 总是
Q12	经常想到有些事情是自己必须完成的	A. 从不　B. 偶尔　C. 有时　D. 时常　E. 总是
Q13	常能掌握时间安排方式	A. 从不　B. 偶尔　C. 有时　D. 时常　E. 总是
Q14	常感到困难的事情堆积如山，而自己无法克服它们	A. 从不　B. 偶尔　C. 有时　D. 时常　E. 总是

2. 压力知觉量表使用说明

得分	说明
14~28分	知觉到的压力较低。你当前的压力处于低水平，你对自己当前的生活有足够的掌控和控制，不会因为一些无法预期的事情发生而感到心烦意乱和惊慌失措
29~42分	知觉到的压力适中。你生活中的兴奋与压力量比较适中。偶尔会有一段时间压力太多，但你也许有能力去享受压力，并且很快地回到平静状态，因此你面临的压力对你的健康并不会造成威胁。不过，做一些松弛的练习仍然是有益的
43~56分	知觉到的压力较高。你当前经历较高的压力，它可能已经对你的身心健康造成负面影响，需要你采取措施加以调节
57~70分	知觉到的压力非常高。你的压力过大，身体可能会有一些症状，急需减压，可以寻求专业人员的帮助。你在面对那些模糊的、难以改变的、长期的压力问题就会显得更束手无策和焦灼不安

（五）就业压力调查问卷及使用说明

1. 就业压力调查问卷

您觉得自己在择业中感受的压力是什么？（1代表完全不符合，5 代表完全符合，请根据您对以下陈述的符合程度在对应的数字上画“√”）

在您最近的一次择业过程中		完全不符合 ←→ 完全符合				
1	担心自己的技能或专业的择业面窄	1	2	3	4	5
2	担心自己没有相关工作经验	1	2	3	4	5
3	担心自己的性格特点与工作岗位不匹配	1	2	3	4	5
4	担心朋友或同学比自己先找到工作	1	2	3	4	5
5	担心求职时上当受骗	1	2	3	4	5

在择业过程中，您是否因为某些生活细节而感到心烦？（下面有些问题表面上看起来相似，但是它们之间实际上存在着差别，应区别对待。

回答时最好不要去试图计算具体的分数，只需尽快给出一个合乎实际的估计。1代表完全不符合，5代表完全符合，请根据您对以下陈述的符合程度在对应的数字上画“√”）

在您在过去一个月中		从来不会 ←→ 一直都会				
1	您是否因找工作中意料之外的结果或事件而感到很不愉快	1	2	3	4	5
2	您是否觉得择业是一件不可控制的事情	1	2	3	4	5
3	您是否一直处于紧张焦虑中	1	2	3	4	5
4	您是否因朋友或同学找到工作而变得压力巨大	1	2	3	4	5
5	您是否觉得用人单位有时候在故意为难自己	1	2	3	4	5

在择业过程中，您自己的自我感知如何？（1代表完全不符合，5代表完全符合，请根据您对以下陈述的符合程度在对应的数字上画“√”）

您对自己的评价		完全不符合 ←→ 完全符合				
1	我觉得自己是一个非常有价值的人	1	2	3	4	5
2	我觉得自己有好多好品质	1	2	3	4	5
3	我觉得自己是一个成功者	1	2	3	4	5
4	我是一个有一技之长的人	1	2	3	4	5
5	我是一个自我要求很高的人	1	2	3	4	5

择业过程中，您感觉能够得到家人和朋友的支持吗？（1代表极不同意，5代表极同意，请根据您对以下陈述的符合程度在对应的数字上画“√”）

在择业遇到困难或问题时		极不同意 ←→ 极同意				
1	在我遇到问题时家人肯定会出现在我身旁	1	2	3	4	5
2	我的朋友一定能认真倾听我在择业中遇到的烦恼	1	2	3	4	5

续表

在择业遇到困难或问题时		极不同意 ←→ 极同意				
3	我的父母可以提供我精神和物质帮助	1	2	3	4	5
4	我的朋友能帮助我搜集择业信息	1	2	3	4	5
5	我的朋友愿意随时就具体问题提供参考意见	1	2	3	4	5

2. 就业压力调查问卷使用说明

本问卷使用时，需要明确调查对象须为大学毕业生，在样本选取时，应坚持采用随机抽样方法。在统计结果上，需使用SPSS软件进行结果分析。此外，为了对调查结果真实性进行效度核查，可以采用上文中的压力知觉量表对部分学生进行一般压力测试，然后与调查结果进行比较。

得分	说明
90~100分	这个分数显示个体对就业压力感知强烈，时刻忧虑找不到工作
75~90分	这个分数表示就业压力已经成为个体心理的明显特征，焦虑情绪明显，面对困难和问题时，有畏难情绪
61~75分	这个分数表示个体面对就业压力有一定程度的担忧心理，尤其是担忧自身才能能否和应聘岗位的匹配
46~60分	这个分数表示就业压力对自身产生了轻微的情绪影响，面对就业压力大学生有可能会有焦虑的情绪
30~45分	这个分数表示就业压力不大，能积极处理就业中遇到的困难和问题

二、压力管理

压力对个体的影响，是身心两方面的，集中体现在情绪障碍方面。主要表现是无法集中精神、难以控制的过度担心、对某些事件结果的焦虑、惊恐、对事件后果感到沮丧、抑郁、容易被激怒、对未来悲观等。这些压力的症状可能和身体直接相关，但更可能是精神层面的产物，或者是压力引起的精神扰乱。如何让自己免受压力的困扰呢？答案当然是精神层面的压力管理。针对精神和思想的压力管理能够镇定过于活跃的思维，当人们遭受超过自己忍受范围的压力时，思维就会变得敏感。因此，对压力要进行切实有效的管理。

（一）压力管理的基本原则

每个人面对的具体压力不同，出现压力并不可怕，适当的压力可以让我们更加积极与进步，在日常教育中，要有意识培养学生的抗压能力，主动把压力转变为动力。掌握压力管理的基本原则，可以帮助我们面对压力时，削减无力感。

1. 补偿

在择业或创业过程中，我们所确定的目标可能会因为各种社会条件的限制而遭遇失败，当遇到此类情况时，应积极开动脑筋，争取利用别的途径达到目标，或者确立新的目标。在实施过程中，发现目标不切实际、前进受阻，应及时调整目标，以便继续前进，获得新的胜利，即“失之东隅，收之桑榆”，这是一种心理防御机制。

2. 升华

择业或创业对个人影响巨大，任何一种挫折都对大学生影响巨大，应引导他们将自己的感情和精力转移到职业理想的坚持中去，牢固树立职业信念。

3. 转移注意力

当我们遭受择业挫折时，出现心理压力十分正常，一般人都会感觉度日如年，这时，要适当安排一些健康的娱乐活动，走出户外去。丰富多彩的闲暇活动可以使挫折感转移方向，扩大思路，使内心产生一种向上的激情，从而增强自信心。不要把痛苦闷在心里，应当主动向朋友、同学或亲友倾诉，争取别人的原谅、同情与帮助。这样可以减轻挫折感，改变内心的压抑状态，以求身心轻松，从而让目光面向未来，增强克服挫折的信心。

（二）压力管理的理念与技巧

1. 压力管理的理念

量力而行。任何就业选择，都需要从自身实际出发。对于事业心和理想感较重的同学来讲，他们总是对自己有过高的要求。标准定得越高，自己的压力就越大，往往这种标准就像一座大山似的压的人透不过气，结果还适得其反。人的精力总是有限的，因此在找工作过程中，要学会确立合理的理想职业标准，这样才能信心满满，心情愉悦。

学会换位思考。择业压力是每一个大学生都可能遇到的问题。减压首先要正确认知压力，灵活调整自己的心态。例如，当在找工作过程中遇到不公平的事情、不协调的人际关系、不愉快的情感体验时，试试换位思考，想想对方在想什么。其次，多向已经工作的师哥师姐们学习，了解他们在找工作过程中的心态，提前进行针对性的心理防御处理，以此来规避自我的不良情绪。

2. 缓解压力的技巧

梳理内心需要法。择业的紧张以及创业的担忧，让人心情焦虑。可能在与各类人打交道过程中，会听到不同经验，各种声音通过耳朵被人感受，如他人的赞扬声、指责声、议论声等都会影响你的心态，因此，面对各种不同的声音，要学会一个人安静梳理内心需要。

丰富个人业余生活法。发展个人爱好生活情趣往往让人心情舒畅，绘画、书法、下棋、运动、娱乐等能给人增添许多生活乐趣，调节生活节奏，让人从单调紧张的氛围中摆脱出来，走向欢快和轻松。这样，可以在择业遇到压力时，能够有一定的手段和方法进行排解。

第三节 情绪调节

大学生是情绪调节的主体，但大学生不是天生就是情绪调节的高手，需要心理教育者进行有效的引导。因此，本部分内容首先是教育工作者引导大学生进行情绪调节，其次才是大学生进行自我情绪调节基本方法及技巧。

一、大学生的情绪特点及教育引导

（一）大学生的情绪特点

大学生处于青春期向青年期的过渡时期。对于大学生群体而言，生理成熟并不意味着心理方面的成熟。具体来说，大学生情绪特点主要表现为：

1. 外向活泼，充满激情

当前的00后大学生，对于他们中的大部分人来说，物质生活条件较好，自我表现欲望强烈。就大学生整体水平而言，在情绪特点上，表现为乐观，活泼，开放，热情，精力旺盛，充满着朝气和激情。

2. 情绪延迟性及趋向于心境化

大学生经过了高中阶段，价值观正在形成中，对外在事物的反应逐步稳定，情绪的心境化，是大学生情绪的重要特点，中学生时代的青少年的情绪特点，往往是受制于外界情境，随着情境的变化，情绪反应来得快，消失得也快；而大学生的情绪反应的发生，往往不会随着外界的刺激环境的改变而随即消失，而表现为一定的延迟性，趋向于心境化。

3. 情感体验更加深刻，更加丰富

大学生活丰富多彩，学习不是大学生的唯一任务，没有了升学压力，也没有了教师紧盯的学习方式的困扰，更没有全部时间用于学习的苦恼，大学生有了时间和空间来关注自我的心理感受，因此大学生的情绪体验更加丰富多彩，并随着自我意识的不断发展和各种需要和兴趣的扩展而更加丰富，敏感，细腻和深刻，更加需要带有社会内容的情感体验。

4. 情绪的波动性与两极性

大学生的情绪年龄正处于未成年人与成年人的转变阶段，在情绪状态上反映着两种情绪并存的特点。一方面，相对于中学阶段，大学生的情绪趋于稳定和成熟；而另一方面，与成年人相比，大学生的情绪带有明显的起伏波动性，容易从一个极端走向另一个极端。情绪有时会表现为大起大落，大喜大怒的两极性。

5. 情绪的冲动性与爆发性

大学生在情绪体验上特别强烈和富有激情。对任何事都比较敏感，有时一旦情绪爆发，自己则难以控制，甚至表现为一定的盲目狂热和冲动。在处理同学关系、师生关系的矛盾时，在对待学业生活中的挫折时，常常易走极端，给自己及他人带来伤害。

6. 情绪的矛盾性与复杂性

大学阶段正是大学生面临着许多重大选择的时期，常常会呈现出一种矛盾和复杂的情绪状态。例如，希望自己具有独立性和希望依赖于他人的需要同时存在；对自己既不满，又不想承担责任；既希望得到他人的理解，又不愿意接受他人的关心等复杂矛盾的心态。

7. 情绪的内隐性与掩饰性

大学生的情绪表现，虽然有时也会喜形于色，但已经不像青少年时期那样坦率直露，不少大学生常会将自己的情绪隐藏和掩饰，体现为外在表现与内在体验并不一致。这也无形中给大学生同学之间的相互交流带来障碍，使一些学生出现孤独和苦闷的情感困惑。

8. 情绪的想象性

学生的情绪体验，还会出现陶醉于以前的某一特定的愉快情绪状态，或是沉湎于某种负性的情绪状态之中的特征，甚至会陷入某种想象出来的欢乐或是忧虑之中而不能自拔。

（二）教育者引导大学生情绪调节的策略

引导大学生进行情绪调节，首要是加强大学生的自我效能培养。自我效能感是美国心理学家班・杜拉提出的一个心理认知概念。意思是指个体在执行某一行为操作之前对自己能够在什么水平上完成该活动所具有的信念和自我判断。作为一种个人预测，自我效能感是个人对自己能否顺利地进行某种行为以产生一定结果的自信。“被知觉到的效能期待不只是影响活动和场合的选择，也对努力产生影响。被知觉到的效能期待，决定努力的程度和面对困难的忍耐力。即被知觉到的效能期待越强，越倾向于做更大程度的努力。”❶ 从性质上看，自我效能感是个体自我调节而使行为和动机得以维持的关键变量，对个体行为和结果有三个方面的影响作用。一是影响个体对活动的选择。当个体在面对不同选择时倾向于选择自己认为能够有效控制的活动环境和活动内容，这种对环境和活动的选择通过实际活动的进行转化成为直接经验，对个体发展方向和水平产生影响；二是影响个体活动的坚持性和动机水平。具有较高自我效能水平的个体有更高自信心和面对困难的勇气，为实现目标能使用更多行为策略；三是影响个体活动过程的精神状态。研究表明，自我效能水平影响个体面对不利环境事件的应激水平，水平低的个体在应对外界事件时，能更强烈体验到应激状态和焦虑唤起，倾向于更多地采取防御性行为来被动适应外界环境，限制和妨碍了主体能力的发挥和发展。因此，要从根本上解决大学生情绪问题，就要着力塑造强大的自我效能感，才是问题解决的根本途径。

引导大学生进行情绪调节，其次要切实结合大学生的实际问题。对于就业或创业过程中的大学生来说，单纯强调情绪调节并不能从根本上解决诱发不良情绪的根源，引导他们进行情绪调节要与他们遇到的具体就业问题、创业问题相结合。要引导大学生合理设定就业标准。标准过高则易遭受失败和挫折，标准过低又不利于激发进一步努力的热情。寻找工作的标准应该是通过不断的就业实践与现实进行妥协的结果。在一个具体的就业或创业行为中，大学生可以通过观察自己的进展情况或问题解决的程度来判断自己的能力，并据此调整确定自己选择工作岗位的标准，所以，指导学生学会进行有目的地对工作岗位、就业前景进行比较，是预防负面情绪的好办法。

二、保持良好情绪的方法

成功的情绪调节，主要是要管理情绪体验和行为，使之处在适度的水

---

❶ BANDURAA. Self-efficacy: toward a unifying theory of beharioral change [J]. Psychological Review,1977.

平，其中包括：抑制正在进行的情绪，例如一个正在发怒的人，发现自己的怒气会伤害他人和自己，及时提醒自己稳定情绪；激活某种情绪，即为了适应不同的场合而调动自己的情绪，例如自己朋友多年的某一心愿得以实现，当朋友告诉自己时，自己也会跟着高兴；掩盖或伪装一种情绪，即为了照顾交往对象的感受，将自己的真实情绪隐藏起来，例如自己遇到重大挫折时，又不想让周围的人担心，便保持一种假装开心、轻松的情绪状态。

（一）情绪调节的基本方式

一般情况下，能对自己的情绪产生强烈刺激的事情，通常都与自己的亲身利益有很大关系，要很快将它遗忘，是很困难的。但是，我们可以进行积极地调节，即设法使自己的思绪转移到更有意义的方面上。

1. 生理调节

情绪的生理调节是以一定的生理过程为基础的，调节过程中存在着相应的生理反应变化模式。生理唤醒是典型的情绪生理反应，如心率、舒张血压、瞳孔大小、神经内分泌的变化、皮下动静脉联结处的血管收缩等都是常用的生理指标。孟昭兰等人的研究发现，正情绪诱发后，心率变化不明显；负情绪诱发后，心率显著增加。格罗斯等人的研究发现，厌恶受到抑制引起躯体活动和心率下降，眼动，皮肤电反应，手指脉搏幅度，呼吸间隔指标上升；悲伤受到抑制；引起躯体活动下降，心率区间没有变化，皮肤电，心血管系统的交感神经激活水平和呼吸等明显上升；快乐受到抑制则引起躯体活动，心率、皮肤电水平等明显下降，呼吸没有变化。情绪生理成分的调节是系统性的，这种调节将改变或降低处于高唤醒水平的烦恼和痛苦。

基于此理论，当大学生遇到情绪波动时，可以通过适当的运动来调整身体的生理状态进而调整情绪。

2. 情绪体验调节

情绪体验调节是情绪调节的重要方面。当体验过于强烈时，个体会有意识地进行调整。不同情绪体验有着不同的情绪调节过程，可采用不同的策略。比如格罗斯等人发现，忽视可以比较有效地降低厌恶感，抑制快乐的表情可以降低快乐感受等。进行情绪体验调节体验，主要方式是由心理教育教师组织团体性活动，通过活动引导大学生开展自我内心体验。

3. 行为调节

行为调节是个体通过控制和改变自己的表情和行为来实现的。在日常生活中，人们主要采用两种调节方式，一是抑制和掩盖不适当的情绪表达；二是呈现适当的交流信号，如一个人在向他人表示请求时，即使感到失望或愤怒，也要管理或控制自己的情绪，不要影响信息的表达和交流。

4. 认知调节

道奇等人认为，情绪系统和认知系统是信息加工过程中的两个子系统，情绪可以是信息加工过程的启动状态，也可以是信息加工的背景。道奇等人在普通心理学中进一步提出，良好的认知调节包含以下步骤：知觉或再认唤醒需要调节的情绪；解释情绪唤醒的原因和认识改变情绪的方式和途径；做出改变情绪的决定和设定目标；产生适当的个体力所能及的调节反应；对反应进行一定的评价，尤其是评价这些反应是否达到情绪改变所设定的目标。

5. 人际调节

人际调节属于社会调节或外部环境的调节。在人际调节中，个体的动机状态、社会信号、自然环境、记忆等因素都起重要作用。坎培斯认为，个体的动机状态，主要指个体正在追求的目标。如果外部事件与个体追求的目标有关，那么这些事件就可能引起个体的情绪。在社会信号中，他人的情绪信号，尤其是与个体关系密切的人（如母亲、教师、朋友等）发出的情绪信号对情绪调节有较大的作用。人际调节的主要方式是在日常生活中，建立与朋友、父母等人的紧密关系，当一段负面情绪产生时，有倾诉的对象。

（二）情绪调节的理念

现实生活中，一些人常常说：“我过去经常发火，自从得了心脏病我才认识到，任何事情都不值得大动肝火。”情绪的调节不能临时抱佛脚，它需要个人平时注重个人修养，并有意识的磨练以下五个方面的理念：

意识控制：当愤愤不已的情绪即将爆发时，要用意识控制自己，提醒自己应当保持理性，还可进行自我暗示：“别发火，发火会伤身体”，有涵养的人一般能做到控制。

承认自我：勇于承认自己爱发脾气，以求得他人帮助。如果周围人经常提醒、监督你，那么你的目标一定会达到。

反应得体：当遇不平之事时，任何正常人都会怒火中烧，但是无论遇到什么事，都应该心平气和，冷静地、不抱成见地让对方明白他的言行之错误，而不应该迅速地做出不恰当的回击。从而剥夺了对方承认错误的机会。

推己及人：凡事要将心比心，就事论事，如果任何事情，你都能站在对方的角度来看问题，那么很多时候，你会觉得没有理由迁怒于他人，自己的气自然也就消失了。

宽容大度：对人不斤斤计较，不要打击报复，当你学会宽容时，爱发脾气的毛病也就自行消失了。

（三）情绪调节的具体方法

每个需要情绪调节的具体情境是不同，这要求个人采用不同的方法。

1. 自我鼓励法

用某些哲理或某些名言安慰自己，鼓励自己同痛苦、逆境作斗争。自娱自乐，会使你的情绪好转。比如，当我们找工作面试，屡屡遭到拒绝的时候。自我鼓励是人们精神活动的动力源泉之一，一个人在痛苦、打击和逆境面前，只要能够有效地进行自我鼓励，他就会感到力量，就能在痛苦中振作起来。

2. 语言调节法

语言是影响情绪的强有力工具。如你悲伤时，朗诵滑稽、幽默的诗句，可以消除悲伤。用“制怒”“忍”“冷静”等自我提醒、自我命令、自我暗示，也能调节自己的情绪。

3. 环境制约法

环境对情绪有重要的调节和制约作用。情绪压抑的时候，到外边走一走，能起调节作用。比如遇到了面试失败，心情不快时，到娱乐场做做游戏，会消愁解闷。

4. 能量发泄法

对不良情绪可以通过适当的途径排遣和发泄。消极情绪不能适当地疏泄，容易影响心身健康。所以，该哭时应该大哭一场；心烦时找知心朋友倾诉；不满时发发牢骚，愤怒时适当地出出气；情绪低落时可以唱唱欢快的歌。比如当遇到择业中不公平待遇时，不如赶快跑到其他地方，或是找个体力活做一做，或是跑一圈，这样就能把因盛怒激发出来的能量释放出来，从而使心情平静下来。或者在你过度痛苦时，不妨大哭一场。哭，也是释放积聚能量，调整机体平衡的一种方式。

第三章　面向就业创业的认知准备

从哲学的角度看，人始终是社会的人。规划自我，解决就业问题或开展创业，都不能离开社会大环境。严格意义上说，大学生还不属于社会人。当今时代发展，让大学生在人生的很长时间里待在学校，零星的不系统的社会实践带给他们的仅仅是浅显的体验，对社会运行规则的认知停留在感性认知上。在即将就业或开展创业时，大学生需要把握影响职业选择的外在因素，并为进入社会，为社会生活的实践和体验做好心理准备。

第一节　影响就业创业的制度与政策因素

时代指向、社会需求以及社会制度安排，是大学生就业或创业的宏观背景。只有充分理解时代背景和社会需求，才能让自我的择业行为或创业意愿与社会发展相契合，从而促进个人的顺利发展。

一、就业制度因素

制度最一般的含义是要求大家共同遵守的办事规程或行动准则。只有遵循基本的制度，个人行为的大方向才不会错。大学毕业生就业是以整个社会大环境为依托，是国民经济和社会发展的晴雨表。对大学生来说，了解就业制度，对职业选择具有重要意义。就业制度从一定程度上为职业选择划定了方向，规定个人职业选择行为的边界。

1993年《中国教育改革和发展纲要》的颁布标志着“双向选择、自主择业”高校毕业生就业制度改革的全面铺开。1997年，教育部《普通高等学校毕业生就业工作暂行规定》提出，供需见面和双向选择活动是落实毕业生就业计划的重要方式；实行招生“并轨”改革学校的毕业生在国家就业政策指导下，在一定范围内自主择业；毕业研究生在国家规定的服务范围内就业。2000年教育部决定将毕业生就业“派遣证”改为“报到证”，标志着“双向选择、自主择业”高校毕业生就业制度改革的确立。这期间，国家还出台了一系列其他关于就业制度改革的重要文件，确保了“双向选不再感觉被蒙在鼓里，从实质上已经接近于双向选择，自主择业”。

2001年到现在，十几年过去了。国家每年都在完善就业政策。但以市场为导向的“双向选择，自主择业”就业制度一直在巩固中。

2002年，国务院办公厅转发《关于进一步深化普通高等学校毕业生就业制度改革有关问题的意见》，明确提出了市场导向就业的方针，指出引导高校毕业生到基层、到中小企业就业是解决高校毕业生就业问题的主要途径。

2003年，国务院办公厅发出《关于做好2003年普通高等学校毕业生就业工作的通知》，又提出：鼓励高校毕业生到基层和艰苦地区工作；党政机关录用公务员和国有企事业单位新增专业技术人员和管理人员，应主要面向高校毕业生，公开招考或招聘，择优录用；鼓励各类企事业单位特别是中小企业和民营企事业单位聘用高校毕业生，政府有关部门要为其提供便利条件和相应服务；鼓励高校毕业生自主创业和灵活就业。这是新时期做好高校毕业生就业工作的重要文件，初步形成了新时期高校毕业生就业工作的政策框架，对今后毕业生就业工作具有重要指导意义。

2005年，中共中央办公厅、国务院办公厅印发了《关于引导和鼓励高校毕业生面向基层就业的意见》，就做好引导和鼓励高校毕业生面向基层就业工作提出了具体意见，就鼓励和支持高校毕业生到基层自主创业和灵活就业，建立高校毕业生就业见习制度、选调生制度等方面做了具体部署。

2008年，教育部、人事部、劳动与社会保障部发文要求：充分认识新形势下做好高校毕业生就业工作的重要性，实施更加积极的促进高校毕业生就业政策，提升毕业生的实践能力和就业能力；大力推进高校就业指导课程和队伍建设；实施“高校毕业生创业行动”，促进以创业带动就业；推动引导高校毕业生面向基层就业工作取得新进展；做好对家庭经济困难及就业困难毕业生的就业援助，加强离校后的就业服务；加大对毕业生就业工作的经费支持。

二、创业政策因素

在大学生就业或创业过程中，引导学生认识认同国家政策，不仅可以为具体的就业行为指明方向，还可以为人生价值实现提供帮助。2015年的《政府工作报告》首次将“大众创业、万众创新（双创）”上升到国家经济发展新引擎的战略高度。今天中国社会蓬勃兴起的大众创业、万众创新热潮，以及它所体现出的基础性、大众性、开放性和前沿性，不仅为中国未来经济发展提供有力而持久的支撑，也将给大学生职业选择提供前所未有的机遇。

2015年，《国务院关于大力推进大众创业万众创新若干政策措施的意见》印发实施。该意见从创新体制机制、优化财税政策、搞活金融市场、扩大创业投资、发展创业服务、建设创业创新平台、激发创造活力、拓展城乡创业渠道等8个领域，提出了27个方面、93条具体政策措施，为创业实践提供了便利化、可操作性极强的政策依据。此后，国务院办公厅专门印发了《关于深化高等学校创新创业教育改革的实施意见》，要求高校重点抓好9个方面的任务：一是完善人才培养质量标准。制修订本科专业类教学质量国家标准，高职高专专业教学标准和博士、硕士学位基本要求，明确创新创业教育目标要求。二是创新人才培养机制。建立需求导向的学科专业结构和创业就业导向的人才培养类型结构调整新机制，建立校校、校企、校地、校所以及国际合作的协同育人新机制，建立跨院系、跨学科、跨专业交叉培养创新创业人才的新机制。三是健全创新创业教育课程体系。根据创新创业教育目标要求调整专业课程设置，开发开设创新创业教育必修课选修课。四是改革教学方法和考核方式。开展启发式、讨论式、参与式教学，扩大小班化教学覆盖面。改革考试考核内容和方式，注重考查学生分析、解决问题的能力。五是强化创新创业实践。促进实验教学平台共享。利用各种资源建设大学科技园、大学生创业园、创业孵化基地和小微企业创业基地。建好一批大学生校外创新创业实践基地，举办全国大学生创新创业大赛。六是改革教学和学籍管理制度。设置合理的创新创业学分，为有意愿有潜质的学生制定创新创业能力培养计划。实施弹性学制，允许保留学籍休学创新创业。七是加强教师创新创业教育教学能力建设。明确全体教师创新创业教育责任。聘请各行各业优秀人才，担任专业课、创新创业课授课或指导教师，形成全国万名优秀创新创业导师人才库。八是改进学生创业指导服务。建立健全学生创业指导服务专门机构。健全持续化信息服务制度。九是完善创新创业资金支持和政策保障体系。整合发展财政和社会资金，支持高校学生创新创业活动。落实各项扶持政策和服务措施，重点支持大学生到新兴产业创业。鼓励社会组织、公益团体、企事业单位和个人设立大学生创业风险基金。

这两个文件的印发实施引领了大学生创业的风潮，为大学生创业提供了坚实的政策依据，也为大学生解决创业中的基本问题指明了方向。

第二节　影响职业选择的外在因素

不论是就业还是创业，最终都会体现在职业选择上。职业选择看似是大学生个人的私事，但大学生作为“社会人”，除了个人的好恶外，总会自觉不自觉受着其他外在因素的影响，了解这些因素并对其梳理，才能帮助大学生准确把握就业的行业和创业的方向，为很快适应社会做好心理准备。

一、社会经济因素

就业创业与经济发展息息相关，行业的发展以及地域经济发展水平为就业创业提供了宏观背景。

（一）行业发展预期

如果对一个行业社会预期比较好，那与此相关的职业选择就比较容易得到肯定。与此相反，职业选择一旦进入了一个不景气的夕阳行业，那可能会浪费掉大把光阴。

随着中国特色社会主义建设事业的蓬勃发展，尤其在“互联网+”的信息社会背景下，新行业新职业不断涌现。而一些行业因经济结构升级，面临着再调整。这既为大学生就业创业提供了极好的机会，也对大学生的素质提出了新要求。严格意义上说，大学生不论是就业还是创业，选择职业只是进入社会一种形式，选择职业意味选择一个行业。市场经济是竞争经济、创新经济，任何行业发展都很难说就是永远辉煌。不同的历史阶段，行业发展面临不同的形势。在我国进入经济新常态的背景下，行业的发展趋势也应该成为大学生在就业创业过程中考虑的重要因素。可以肯定的说，行业发展的前景与趋势，最终会影响到个人的职业选择。

（二）地域经济发展水平

在就业创业时，选择合适的地域十分重要。在我国，各地区发展不平衡问题，依然存在。各地区域经济发展特点各不相同，大学生考虑职业选择问题，不能不考虑地域问题。当前我国，东部地区经济发达，为大学生的职业选择提供了较好的社会环境。其他区域，尽管发展潜力巨大，但与东部相比还有一定差距。面对就业或创业问题，宏观上要关注区域经济发展情况，是否适合自我的职业理想定位，是否适合自己所选创业项目的发展。

当然，要注意的是，并不是区域经济越发达，对个人就业或创业就一定越有利；也不是区域经济越落后，个人的就业或创业就一定遇到困难。应该说，发达的地域有发达地域对就业或创业的好影响，比如政策理念先进、企业对人才需求旺盛、社会治理能力较强能为人才发展提供良好的社会环境；不好的方面，发达的区域人才济济，竞争压力大，再加上城镇化水平比较高，个人生活成本较高。经济发展落后的区域对人才的渴望更强烈，对人才重视程度更高，对人才项目的支持力度更大。

从就业角度观察，区域经济发展所能提供的就业岗位与其水平成正比，因此经济发达的区域从理论上说更容易促进大学生就业；从创业角度观察，由于我国实行是统一的全国性市场经济，由于当代物流业、金融业、互联网之间的互相渗透，使得创业的便利条件不会因地域经济发展差别而扩大，从这个意义上说区域经济发展水平对创业影响不大。因此，区域经济发展影响大学生就业创业的决策，第一要看大学生自身的情况，第二要看大学生创业项目所需要的基本条件。

二、社会心理因素

社会心理是指在一段特定的时期内弥漫在社会及其群体中的整个社会心理状态，是整个社会的情绪基调、共识和价值取向的总和。它是社会大众认知某一事物时，不自觉会受到其影响的社会价值取向背景。在职业选择时，当下的社会时尚、人们在职业评价时的价值取向、人们传统的性别观念等社会心理因素对大学生职业选择起着潜移默化的影响。

（一）社会时尚

社会时尚就是在社会中流行一时的风气或风尚，它是一种非常规的集体行为模式。时尚在人们生活中是非常广泛的。它可以发生在人们日常生活最普遍的领域，如衣着、服饰等方面；也可以发生在人们参与社会活动的接触交往中，如语言、娱乐等方面；还有的发生在社会意识形态方面，以影响人们的社会心理的方式表现出来，如政治、道德、宗教、教育等。由于时尚表现出的时髦性、时热性、时狂性等特点，人们崇尚的行为取向就会表现出社会时尚运动，这对大学生择业的影响是不可忽视的，如大学生择业中出现过的大城市热、合资企业热、“孔雀东南飞”以及现在盛行的公务员热、考研热等。时尚又与社会舆论有关。社会舆论能够引导时尚运动，时尚也能形成较为集中的舆论和热门话题；反过来，舆论或热门话题又促进或阻滞时尚运动。时尚对人们的正负面影响，会造成行为结果的不同。健康的时尚，会激发人们的责任感和使命感，形成正向行为导向；非健康或带有偏见的时尚，会造成人们思想意识的偏狭和行为取向的偏差，在大学生择业中易于形成从众、攀比、自卑等灰色心理倾向和盲动的行为。

（二）性别观念

男女性别的差异，导致劳动能力和工作时间的差别，这是客观事实。虽然国家一直强调男女平等就业，但现实中不少用人单位对女生应聘设置诸多障碍。传统文化中的“男强女弱”“男主外，女主内”等观念根深蒂固地存在于不少用人单位的头脑中，性别歧视不仅影响到女性进入劳动力市场后的职业选择，同时也影响用人单位的招聘行为，造成女大学生就业难。对于女大学生来说，除了某些特殊的职业岗位外，应当说具有广泛的职业适应领域。但是，有两种情况左右着女大学生的择业心理和择业行为：有的女大学生择业范围狭窄，对有些可以适应的职业岗位有畏难情绪，有不如男同学的心理定势；有的用人单位从本部门利益出发，不愿意接收女毕业生，尤其是女毕业生较适应的职业岗位也存在这种情况，这就造成了女毕业生一定的心理压力。再加上一些入职前辈的“善意提醒”，使得很多女大学生在找工作时往往不自信，认为女生比不过男生，有一种未战先怯的心态。女大学生千万不要轻易怀疑自己的能力，也不要因为个别用人单位的偏见而轻易放弃，而是应该更加信心满满地面对挑战。自信的应聘者总是能给面试者留下深刻的印象。即便是面对企业的刁难与歧视，女性大学毕业生也应该充满信心地走上职场，开展美好的人生。

（三）职业评价

社会对各类职业所持的倾向性态度总会通过传媒、习惯、舆论等各种渠道渗透到学生职业评价心理中，成为大学生社会化认识的重要一面。尽管我们经常会听到关于“职业分工不同，职业没有高低贵贱”之类的强调，但是，在现实社会中，人们实际普遍地存在着职业高低贵贱之分的认识，这种认识即是职业的社会评价。职业的社会评价受到社会心理的强有力制约。一般来说，有什么样的社会心理，就有什么样的社会评价，尤其是在传统心理仍然根深蒂固的当代社会，职业的社会评价往往体现出浓厚的传统色彩和保守色彩。职业的社会评价对学生职业选择的影响是潜移默化的，它已经进入了大学生的社会认知领域，成为不自觉的考虑因素，尤其是他们对某种职业缺乏深入了解与切身感受时，社会评价作用会格外突出。

对于职业选择的社会评价，教育工作者一方面要在就业指导中着力贯彻社会主义核心价值观的平等观念，引导大学生树立正确的世界观、人生观、价值观；另一方面要加强心理疏导，教会学生积极应对因职业选择带来的社会评价压力。当职业选择遇到负面评价时，大学生自己在事前就要做好思想准备。对于他人的社会评价，大学生自己要学会端正心态，并不一定要直接予以回击反驳，可以用踏实做事，在职业活动中的坚持和成就来说明自己职业选择的正确性。行动总是胜于言语的，任何社会评价所形成的舆论压力都会随着行动的深入不断减弱。只要遵守法律法规，尊重社会公众的道德价值观念，不违法乱纪，什么都不能够阻挡我们职业选择的步伐。

三、家庭因素

家庭影响大学生的职业选择，主要是父母在职业选择前后影响着大学生的抉择标准。家庭在人生大事上会留下深刻痕迹。当子女与家长在职业目标上发生冲突，或者子女极力摆脱家长的意志的时候，两者的矛盾就会产生。父母们有一个天然的倾向，即把对子女的爱同对子女的控制乃至干涉简单地等同起来，但随着子女自我意识的觉醒和成熟，如果亲子沟通不好的话就容易产生矛盾。大学生专业知识已较为丰富，职业意识也更加明晰，心理正在日渐成熟，相应地对家庭的心理依赖也就大为减弱。但是，家庭作为学生的后盾力量，对职业选择产生的影响不会根本上丧失，尤其当子女在职业选择道路上犹豫不决并寻求帮助时，父母意志的作用又会放大，对子女的职业选择产生重要影响。有些学生完全按照自己的意愿选择了某种职业，有些学生则被引入了父母正在从事或者希望子女从事的职业。在后者的情况下，子女是被看作父母希望的延伸，或者家庭的代表，他们的使命是实现父母的理想。

对于家庭因素的影响，这里重要是关注家庭价值取向的影响。因为家庭价值取向直接影响到大学生的职业选择倾向。因此，从大学生就业创业心理教育出发，要在全社会科学、合理引导家庭价值取向，帮助大学生避免受到家庭不科学价值取向的影响，树立科学的、适应社会价值取向的人生职业发展观。首先，通过舆论宣传帮助家长转变观念。许多家长认为自己孩子学习的是社会公认的热门专业，理所当然应该找到好工作，对孩子就业的期望值很高，却没有考虑孩子在本专业领域学习的实际水平、综合素质以及社会发展变化。这样的价值取向对大学生的职业选择有不利的影响。因此，学校要进行政策宣传和思想教育，强调个人理想与国家需要的结合，自觉抵制功利的诱惑，以国家的利益为重，以事业为重，处理好社会需要与个人成才的关系；引导大学生通过各种方法、手段来了解自己，并了解家庭价值取向与自身职业选择和发展的关系，帮助大学生树立正确的择业标准和择业观，形成初步的职业发展目标、学业规划，探索其适应社会发展的有意义和有价值的职业规划。

第三节　进入社会前的准备

从抽象意义角度看，长期生活于大学校园的大学生，由于校园生活相对独立和相对封闭，社会经验较少，存在进入社会的困难，需要为此做好相应的心理准备。

一、进入社会的心态调整准备

（一）摒弃理想化心态

由于自身的局限性，也由于社会发展过程的复杂性，个人所推想的就业过程或创业过程，一定会与真实发生的过程有着许多不同，许多问题和困难会超出大学生的经验范围。社会经验比较缺乏，让大学生很容易对社会上的事情理想化，也很容易对就业和创业持有理想化心态，这自然容易遇到挫折。就业或创业环境也很难“完美无缺”，以理想化心态就业或创业，难免因“牢骚太甚”心灰意冷，容易让“问题悲观症”抵消对未来的激情。因此，联想创始人柳传志认为大学生要“有理想不理想化”。这应该成为每个大学生摒弃理想化心态的规则。

摒弃理想化心态，除了要降低对就业或创业的期望值，不能把就业或创业想象的过于顺利、过于美好，还要主动参加学校组织的就业指导，以开放的心理接受理论指导，认清就业形势；要多多参与学校组织的社会实践，并在实践中不断总结、独立思考，不断拉近与社会的心理距离。

（二）准备克服学生角色心态

经过十多年的读书生涯，学生生活使得每一位学生在学习、生活和思维方式上都养成了一种相对固定的习惯。因此，在职业生涯开始之初，许多人常常会自觉或者不自觉地把自己置身于学生角色之中，以学生角色的社会义务和社会规范来要求自己、对待工作，以学生角色的习惯方式来待人接物，来观察和分析事物。面对新环境，一些大学生在刚走进新的工作环境时，不知道工作应该从何入手，如何应对，在工作中缩手缩脚，怕担责任，怕出事故，怕闹笑话，怕造成不良影响。于是工作上就放不开手脚，前怕狼后怕虎，缺乏年轻人的朝气和锐气。

面对未来职场可能出现的“学生角色心态”，在校大学生就需要做好初步准备。在就业或创业过程中，做好转换准备，首先是与就业过程所观察的实际情况或创业过程中体会结合起来，适时调整自己的想法；其次是主动与即将从事行业的前辈们进行深入的生涯访谈，了解本行业的发展前景，了解即将从事职业的基本要求，做到心中有数。在此基础上，大学生要结合所学的生涯规划知识、就业指导知识、创业知识，把自己的人生理想在就业前进一步细化为自己的职业目标，以此为基础矫正学生角色心态。

二、角色转换的准备策略

要调整就业心态，做好心理准备，这是角色转换的基础。用人单位是有自身目标和制度规范的组织，它以效率为原则来管理着员工，同事之间的竞争关系多于合作。这首先要求大学生在就业之初，就应本着一切从零开始的态度、牢记“三人行，必有我师焉”，虚心向自己的同事们学习工作经验，尽快熟悉自己工作岗位的种种业务知识，结合实际工作将自己所学知识灵活运用，这样才会发现工作的真实乐趣，这个过程是个充满挑战的过程，也是从学生角色向职业角色转变必须经历的重要一步。一般来说，事业不会是一帆风顺的，如果心理准备不足，就会产生过激情绪，导致能力低下。过硬的职业技能对职业成功固然重要，但充分的心理准备更是不可缺少的，因此，毕业生提前调整心态，充分做好心理上的“受挫准备”。在事业顺利的时候不沾沾自喜，在事业失意时不自暴自弃，这是事业成功者的必备素质。

要虚心学习知识，提高工作能力，这是角色转换的重要手段。大学生要摒弃急于求成的心理，逐渐熟悉环境。走出校门，离开熟悉的校园、老师、同学、朋友，甚至远离家乡、父母，来到一个陌生的环境，面对新的人群，多数毕业生会有一种陌生感、孤独感，个别人还会有一种无所适从感。因此，不能期望在极短时间内，完全适应社会。毕业生在校期间学习到的东西毕竟是有限的，很多知识和能力需要在工作实践中去学习、锻炼和提高，也不能期望能得到周围的所有同事一致认可。面对全新的职业，毕业生要做好循序渐进的心理准备，像小学生那样从头学起，虚心向有经验的技术人员、领导、师傅和同事学习，不断丰富自己的专业知识，提高自己的专业技能，最终达到自我完善。

要勤于观察思考，善于发现问题，这是角色转换的有力保障。大学毕业生进入职业角色，只有善于观察问题，才能发现问题；只有运用自身掌握的知识去努力解决问题，才能掌握大量的第一手资料，分析研究职业对象的内部规律，也才能培养自己的独立见解，逐步具备独立开展工作的能力，更好地承担角色责任。

要勇挑工作重担、乐于奉献，这是完成角色转换的重要标志。大学毕业生走上工作岗位以后，应当从一开始就严格要求自己，树立主人翁意识，增强社会责任感，培养无私奉献的精神，任劳任怨，不计较个人的得失，努力承担岗位责任，主动适应工作环境，促使自己更好、更快地完成角色转换。

三、学会职场交往

（一）把握职场交往的特点

职场交往不同于一般的人际交往，学习把握职场交往的特点，对于大学生更好适应未来的职场交往，具有重要意义。

1. 人际关系的正式性

职场中的交往是工作关系所决定，没有工作关系的要求为基础，一般来说职场交往的关系不会发生。这种正式性，还表现在交往内容与工作内容有着密切的关系，交往双方是围绕工作任务的完成而进行交往活动，交往中个人想要了解的内容必须以工作为依据。

2. 交往内容的限定性

职场交往目的是工作目标的完成，职场交往固然可以延伸到工作场合、工作时间之外，但交往的目的限定交往深度，职场交往中去了解对方，更大程度上与个人和对方的工作有关。交往内容不能按照自己的喜好进行随意的扩展。

3. 交往对象的非选择性

职场交往的对象，不是经过个人选择的结果，是单位组织架构的决定。对于个人而言，和什么样的人进行交往，没有选择。任何一个工作岗位都会和其他多个岗位打交道，了解与自己工作有关的其他交往对象的个性特点，是职场交往的必修课。更为重要的是，我们不能因为不喜欢的对方的个性特点，就不和对方交往。所以，职场交往要求我们不断增强自己的适应能力。

（二）掌握职场交往的基本原则

职场交往的具体实践丰富多彩，在大学生进入职场之前，掌握基本原则，有助我们辨别纷繁复杂的职场人际关系。一般来说，任何单位面向外部的关系都会由特定人员承担，单位也会有明确的规定或操作规程，这方面的人际关系掌握一般的人际交往知识即可；职场内部关系是个人职业生涯发展的基础，内部关系处理得如何对个人影响更大。把握以下基本原则可以帮助大学生很好地适应职场交往：

1. 亲密有间

在职场交往中有“刺猬法则”的心理距离效应。所谓“刺猬法则”是说为了研究刺猬在寒冷冬天的生活习性，生物学家做了一个实验：把十几只刺猬放到户外的空地上。这些刺猬被冻得浑身发抖，为了取暖，他们只好紧紧地靠在一起，而相互靠拢后，又因为忍受不了彼此身上的长刺，很快就又各自分开了。可天气实在太冷了，它们又靠在一起取暖。然而，靠在一起时的刺痛使它们不得不再度分开。挨得太近，身上会被刺痛；离得太远，又冻得难受。就这样反反复复地分了又聚，聚了又分，不断地在受冻与受刺之间挣扎。最后，刺猬们终于找到了一个适中距离，既可以相互取暖，又不至于被彼此刺伤。

在职场中处理与同事之间的关系，其实就是找到这个“温暖又不至于被扎”的距离，人与人之间应该保持亲密关系，但这是一种亲密有间的关系，而不是亲密无间。职场当中，每个人都需要自己的私密空间，如果对于尺度的拿捏掌握得不好，很有可能会破坏你们之间的感情。如果发现自己对于别人的隐私产生了强烈的兴趣时，要多注意下了。过度打探别人的隐私不仅会让对方感到不舒服，还会被人认为是没有教养的行为。

2. “吃亏”原则

一个永远不肯吃亏、不愿让步的人，即便真讨到了不少好处，但人际交往不会持续。过于计较自己的一己之力，到处都要占便宜，争取各种“好处”的人，很容易在无意有意之间伤害了同事，引起同事们的反感，最终大家也不乐意与你交往。抱着不吃亏甚至占便宜的心理去交往，去争取一些利益，不一定能够给你带来多少好处，问题是，我们在团队中工作，为集体工作，一味关心自己的得失，会损害团队合作的利益，最终也会损害自己的利益。所以，建议所有新入职的大学生，要学会在职场中“吃亏”。

所谓“吃亏”，指的非原则性问题（指不涉及法律、道德和公司管理规范的问题）方面的利益让步。此外，吃亏还要避免无底线地对别人好。道理很简单，如果你对别人无底线地好，那么别人时间久了，就认为你对他的好是应当的，他不但不会对你有所感激，而且还会在你对他稍微没那么好的时候，就认为你这个人变无情了，对你严加指责。这种吃亏不仅不会为自己带来人际交往的改善，还会为自己带来无穷的麻烦。

中篇

就业心理教育

就业找工作，是对自身就业观念的一种实证，是对海量就业信息的判断筛选，是选择心仪的用人单位，然后展示自我优点的复杂过程。一个理想的职业生涯应是最符合自己的个性、最能发挥自己的潜力、最使自己感兴趣的职业生涯，当然这几者并不总是一致的。那么，就应该尽量去寻找它们的结合点，在充分考虑这几种因素的前提下，找到最佳职业生涯定位。这一过程中，所遇到的问题、困难或是挫折，个体的择业不良心态，都需要大学生付出努力去克服，需要引导学生树立良好观念，积极进行抗击与矫正。

第四章　择业观念教育

哲学家尼采说过：让一个人站起来的不是身体而是观念。观念在很大程度上会影响行为的指向，观念有问题甚至是错误的，一定会导致行为的错误或无效。择业观念是找工作的价值观标准，决定着什么样的择业行为对大学生是有用的，什么样的择业行为对大学生是没用的。因此，进行择业观念教育，是保证大学生就业心理健康的首要任务。

第一节　大学生择业观及其特点

“择业”，顾名思义就是选择职业。“观念”是一种思想、看法，是主体在实践中经过多次反复形成的相对稳定的观点或看法，这些观点或看法有形无形地影响着主体的认识和行为，并积淀为深层的心理结构，成为相对稳定的信念和人的一切活动的范型和定势。

一、择业观的内涵

择业观是择业主体对选择某种社会职业的认识、评价、态度、方法和心理倾向等，它既是择业者职业理想的直接体现，也是择业者人生观、价值观的最直观表达。择业观念是一个人的人生观、价值观在择业问题上的综合反映，是人们对于择业的目的、意义比较稳定的根本看法和态度的体现。择业观正确与否将直接影响到毕业生能否正确认识自我，适应社会并达到成功就业，也将在一定程度上影响到国家经济和社会的持续发展。

择业观属于择业过程的心理层面，社会的需要程度、职业的地位、经济收入、地理环境、单位性质、工作条件等都是择业者选择职业时要考虑的因素。恩格斯说，在社会历史领域内进行活动的，全是具有意识的、经过思虑或凭激情行动的、追求某种目的的人；任何事情的发生都不是没有自觉的意图，没有预期的目的。这就是说，人们的社会行为都是受思想观念直接支配、引导的。择业者的择业行为主要是受择业观支配的。面临职业选择的人都有其特定的择业观。正如世界上没有叶片形状、色彩完全相同的树叶一样，社会中也不存在择业观完全相同的人。总之，择业观是人们在择业过程中最根本的观点；择业观受世界观的制约，是人们的内心世界在择业过程中的折射与反映；择业观受人生价值观的支配。

大学生择业观是在校大学生在读书学习和社会实践过程中形成的，对如何选择职业这一实践活动比较稳定的认识态度和基本的指导思想。对大学生择业观这一概念表述应包括以下几个方面：

第一，大学生择业观的主体是在校大学生。本文主要对象是全日制在校本专科学生，不包括成人、自考等其他社会大学生，也不包括硕士以上的研究生。在校大学生，不仅指毕业生，还包括所有非毕业的学生。

第二，大学生择业观的形成是一个长期、复杂的过程，是大学生在读书、学习、社会实践、接受教育等活动中逐渐形成并成熟起来的。

第三，大学生择业观的内涵包括择业理想、择业动机、择业标准、择业意义等稳定的看法和态度。

第四，大学生择业观要对大学生择业起到“指导思想”的作用。

第五，择业观不是先天固有的，而是一个社会的、历史的范畴，它是一定历史条件下的产物，它伴随着我国大学生就业制度的不断变化而变化，也就是说大学生就业观的涵义与大学生就业制度改革与发展有着密切的联系。从大学生就业制度的历程不难看出，“择业”脱胎于“分配”。因此，我国大学生择业观的产生应该说是从国家完全意义上的不包括分配开始的。

二、择业观的结构

择业观是一个由择业目标、择业动机、择业认知、择业价值取向、择业途径等五部分内容组成的，结构层次清晰的，而又相互联系的有机整体，共同制约和作用于大学生的择业行为。

择业目标。择业目标，即大学生在面对纷繁复杂的职业社会时而为自己设定的理想奋斗目标。择业目标是大学生在自己一定的世界观、人生观、价值观和职业观的指导下，在充分权衡社会的需要、自身的素质和条件的基础上，明确自己将来所从事的职业理想目标。

择业动机。择业动机是进行职业选择的内在动力。动机决定于需要，并表现着需要。影响大学生择业动机的因素是多方面的，如社会地位、工作条件、职业成就感等。大学生择业动机会影响其择业的心理，使其复杂多样。

择业认知。择业认知是指大学生在选择职业的过程中，对社会、对职业、对个人，以及选择职业有关事物的认识和职业选择过程中的推理与决策。择业认知对职业选择有重要影响，择业认知不同，择业观念也不同。择业认知主要包括以下两方面内容：一是自我认知，主要是指在择业过程中择业者对个人的工作能力、职业喜好、自我的性格和气质的了解和评价。二是社会和职业认知，主要是指择业者对职业地位、职业性质和规范的理解和公正评价，以及对社会和影响择业的客观社会因素的认知。

择业价值取向。大学生择业价值取向是指大学生在求职择业的过程中是以什么样的价值观为基础来选择职业的。如择业时对地域的选择、行业的选择、岗位的选择、工作条件的选择等可以看出大学生择业价值取向的变化。

择业途径。择业途径是指大学生在择业过程中采取什么样的求职方法来达到自己的择业理想目标。择业途径的差异在一定程度上反映着不同的择业观念。目前大学生的择业方法有很多，如自荐求职、应聘求职、考试求职和网上求职等；有的积极主动推荐自己，也有的盲目被动。

三、大学生择业观特点

择业观固然是个人世界观、人生观、价值观的产物，但择业观同样是对社会发展的一种反映。在进入21世纪以来，大学生就业的双向选择、自主择业观念更加深入人心，与此同时经历多年社会主义市场经济的洗礼，大学生在择业观方面反映出了时代特点。

（一）择业思想更加实际

90后大学生，已经不再排斥非公有制单位，也不再刻意追求政府机关、国企、事业单位的就业，对用人单位的性质更加包容；他们从一定要找一份固定工作，逐步接受灵活就业形式，即没有办理正规的毕业生就业手续，而是以非全日制、临时性和弹性工作等灵活形式工作；他们不再仅仅注重单位的地理位置、经济效益和福利待遇，而更侧重于单位的发展前景、工作环境、企业文化和用人机制；他们接受了市场人才流动观念，哪里找到工作，就在哪里就业，发挥才干。他们就业更加主动，放下身段，对就业信息的获取不再是等待学校的供给，而且也充分利用外校、外地及社会上的人才交流会来落实就业去向。

此外，许多毕业生怀着建设祖国的爱国主义情感，以实际行动参与到实现中华民族伟大复兴的中国梦的过程中，认同“到基层去，到边疆去，到祖国最需要的地方去”的观念，积极响应国家号召，主动参加“西部计划”和“三支一扶”，把祖国的需要作为自己的选择。这是对当代中国特色社会建设美好前景的主动反映，是大学生择业思想更加符合社会发展实际的表现。

（二）动机突出自我发展

在择业动机方面，对经济收入期望虽然仍是首要因素，但当代大学生更加突出个人才能发挥的要求。主要表现是择业标准中，更加注重工作岗位是否符合个人兴趣，是否能够充分发挥个人才干，是否能够从事创造性开拓性的工作内容，能否获得较高的社会认同与肯定。

择业动机突出自我发展，还表现在他们对跳槽的接受程度越来越高。现实情况中，部分大学生在毕业找工作时，就准备着跳槽，因为许多人认为就业形势严峻，很难一步实现职业理想，积累经验后，就可以跳槽，这样才能找到适合自我发展的空间。对这样的行为，我们要理性地看待。为了追求自我的职业发展而跳槽无可厚非，但频繁离职真的能给职业发展带来好处吗？答案存疑。这需要大学生认识到没有哪一个职业天然就是为我们自己所准备的，只要择业的大方向不错，我们就要学着适应工作，而不是通过跳槽来不断迁就自我对工作的心理预期。

（三）择业的多向性与不稳定性

在工业时代，许多人一份工作甚至是一个岗位上会干一辈子，这种成熟的雇佣关系一直是工业社会的主体。反观现在，伴随着移动互联网、大数据、云计算等信息技术广泛运用，新经济、新技术、新产业、新业态在我国迅猛发展，带动出现了各类不同于标准雇佣模式以及传统非正规就业模式的新就业形态。这些新就业形态依托于互联网技术进步形成了去雇主化、平台化的就业模式。这种就业模式呈现出关系灵活化、工作碎片化、工作安排去组织化的特征，这与传统就业形态中，由雇主组织生产、工作时间与工作场所相对固定的就业形态有较大差异。互联网平台上的就业者既不同于雇佣组织中的雇员，也不同于完全拥有自主权的自雇者，他们以平台上指派的需求而自主选择工作，而在工作过程中又接受平台的监管规则。新就业模式下，一个人的工作活动是多元的、多维度的，不再固定从事某一项职业，一个人可以身兼多职，实现了劳动和职业的多元化。此外，技术的不断进步，给传统职业带来了巨大冲击，同时也延伸出了许多新的工艺、服务和产品，这些新技术的开发及应用，必然导致部分职业的新旧更替。由市场需求引发的新生产方式和生产要素的结构优化，新业态和生产组织方式的变革，直接影响到职业结构和就业形态的变化，大量职业的内涵发生了改变。大学生在进行职业选择时，可供选择的就业方式更加多元，可供选择的范围更加广泛，就业本身也不再是单一岗位的固定选择，大学生可以是身兼数职的就业者，工作本身的不稳定性更加明显。这些反映到大学生择业观上，那就是对多向性和不稳定性的接受度更高了。

第二节　若干择业观念的辨析

当前社会发展迅速，大学生在接受校园教育的同时，社会中的某些观念也会潜移默化地影响着大学生择业观念，认识影响大学生择业行为比较大的一些择业观念，有利于教育工作者因势利导对大学生进行择业观教育。

一、专业对口观念

高等学校里边的教育，以专业教育为主要形式。每个学生一定属于某个专业。许多大学生认为自己费了大学所有时间学习了专业知识，将来只要能投身于与所学专业有关的行业，也就别无所求。而就业的严峻形势，让一些对于从事非专业性的工作岗位抱有抵触心理的大学生，很难实现这一目标。如果这样的大学生又不愿意向现实妥协，就容易失去奋斗目标和人生理想，导致一种倦怠心理。这样的同学，即使被迫与现实妥协，找到一个可以谋生的工作，工作中也会很容易出现职业倦怠。因此，有必要对专业对口观念进行一些分析。

（一）专业与职业的关系

专业学习是为将来的职业做准备，对口就业的观念自然生成。但专业不等于职业。这个悖论首先在于高校专业设置相对于职业需求的素质考量具有滞后性。当社会上相关行业蓬勃发展时，某些与专业相关的职业岗位也会发生天翻地覆的变化，专业课程体系跟不上职业发展的脚步，学生毕业时就面临着一种观念的转变。其次，高校专业设置数目是有限的，然而社会上职业的种类却以数千计，专业和职业完全对应，从理论上也是不可能的。这也需要大学生在就业找工作时，对专业与职业的关系有一个清楚的认识。

1. 一对一的关系

这种情况最为简单。一个专业方向对应一个职业目标，这类专业一般都存在于中职类学校或职业技术学院。培养目标单一明确。此类职业的技术含量比较高，也比较单一。它属于学业规划中比较主动的一种态势。只要我们努力学习专业知识，就一定能在未来的职业生涯中取得优势，那在就业选择中就较为简单，我们就可以比较省心，不会有太多的困惑。

2. 一对多的关系

这类专业一般都存在于普通高校中，人们常说的宽口径，厚基础就是指这类专业。它们所对应的职业目标有多个，从职业的人格特征来看，许多都对应了霍兰德职业人格类型两种以上，甚至六种人格类型的职业都有涉及，如经济学专业。从职业人格来看，它可以对应研究型人格职业，如经济学研究，也可以对应管理型人格职业比如企业管理者或新闻记者，也可以对应艺术型人格职业比如营销策划，事务型人格比如职业企业信息管理等。这样一来，我们在确定了专业方向后，还要确定适合于自己发展的职业目标，这里要注意的是确定职业目标时尽可能要和自己的职业人格一致，例如，你属于管理型的人格，你就要选定是管理型人格的职业，企业管理者或新闻记者等，并根据具体职业目标的标准要求来针对性地学习和开发其他必要的知识和技能。如果你学的是经济学专业，你确定自己毕业后从事新闻记者这一职业，那么你在学经济学知识的同时，还要根据新闻记者所需要的其他知识和技能有针对性地开发和学习，如写作能力、社交能力、新闻敏感度的培养、驾驶技术等。应该说，先定专业再定职业目标已经是一种比较被动的人生发展态势。然而由于这一类型的存在，它可以让学生比较顺利地由被动转化为主动。

3. 多对一的关系

这种关系就是多种专业都可以发展到某一种职业的情形。这类职业一般属于管理型人格的职业。如新闻记者、公务员、营销主管、企业管理等。这种类型也适合于先确定职业目标后确定专业方向的情形。它其实和第一种比较类似，在就业过程中，可选择的工作岗位十分明确，那学生专业学习的目标也就明确了。

大学生在选择工作岗位时则要了解具体的专业与职业对应关系，如某个专业毕业后能做哪些工作，这些工作有什么利弊，职业前景如何？等等。关于这些内容，需要大学生多向专业老师和相关从业者进行求教，并积极结合找工作的情况进行思考判断。这样可以避免找工作过程中狭隘的“专业对口”，而忽视了专业与职业的关系。

（二）淡化专业对口观念

淡化专业对口观念主要指择业过程中，要摒弃以专业对口作为择业唯一标准的思想，而是从社会实际出发，从自身情况出发，面对非专业相关工作不持排斥心态。

从就业形势看，专业不对口已经成为常态。麦可思发布的《2017年中国大学生就业报告》（就业蓝皮书）数据显示，三成以上毕业生工作与所学专业不对口。而社会发展变化为大学生淡化对口观念，强化综合素质取胜观念提供了条件。第一，在新科技革命背景下，社会上许多职业发生了变化，专业完全对口的岗位越来越少，行业的特征越来越模糊，岗位所需的知识和技能更新的周期越来越短；第二，人才的流动性加大，随着产业结构的调整和升级，跨行业，跨领域的人才流动日益频繁，岗位的复合程度越来越高。显然，当我们拥有良好的综合素质，我们就能够更快更好地去适应一个新的环境。

可以说，淡化专业对口观念既是就业形势的需要，也是社会发展的需要。对此，我们都应该学习处理问题的方法论。在择业过程中，大学生都应做实事求是派。大学生做事有坚持有追求没有问题，但不能不依据客观实际情况而固执坚守某一观念。找工作的标准，不能以“学什么，做什么”为唯一标准，更不能非专业对口不做，而是回到工作目的本身，把是否符合国家法律、是否符合道德，是否不妨碍个人身心健康，是否有利于个人发展等多重原则作为标准。

二、“慢就业”的观念

2016年10月，《人民日报》《光明日报》和新华社等媒体对“慢就业”的报道，让人们开始关注“慢就业”。“慢就业”表面上看是一种现象，但实质上反映了当代大学生的一种择业观念。慢就业不是完全被动待业，只是大学生面对就业时，步伐更从容。他们毕业后不着急找工作，而是选择暂时旅游、支教、在家陪伴父母或者创业、兼职，慢慢考虑人生道路。

（一）慢就业观念的表现

持慢就业观念的大学生分两类：

1. 一类同学是主要表现在逃避现实，想法在于慢，缓冲期越长越好。如案例故事1中的主人公王晶

【案例故事1】王晶，1990年生人，家乡太原。本科学历，管理专业，2013年毕业。

10月20日降温后，王晶早起时间又推迟了一小时，每天10点半起床，11点多洗漱完，刷会儿手机，就可以吃午饭了。下午看会儿书，嫌父母唠叨了就去咖啡店坐坐。除了偶尔约朋友聚餐，他几乎没有娱乐活动和社交。

2013年6月，刚从一所财经大学毕业的王晶对自己的要求是两年内考完注册会计师证，然后找一份合适的工作。“之前参加过两次校招，没有注册会计师证，底薪只给2000多元。考事业单位没成，找过两家小公司，说是招会计，去了就忽悠转销售。”为了能找到满意的工作，王晶下决心先考注册会计师。“我的一名大学同学从大学就一直准备考试，毕业后两年内通过了注册会计师考试。现在就在审计行业，薪资和前景都特别好。”他说。

不过，在实现目标的过程中，王晶却出现了问题，越来越懈怠和自我怀疑。“开始挺有斗志，但一年后，我有一门没通过，心里就开始郁闷。觉得自己不像人家是学霸，不知道是否能考过。2014年冬季，我也试着在网上投过简历，效果跟刚毕业时一样。感觉我这一年多只是白白浪费。”王晶觉得还是应该坚持自己。但是，父母开始为儿子担心。

王晶的妈妈除了担心王晶不能自立外，还担心他耽误找对象。“现在找对象，没房没车都是问题，更何况连工作都没有。这样再耽误下去，孩子就废了。”王晶妈妈说。

一家人吵架和冷战开始增加，这对王晶学习的积极性也有很大打击。与此同时，王晶身上出现的另一个问题是不愿意社交。“原因也简单，不想朋友看到我现在这个样子呗。”王晶苦笑。

“我如果现在找工作，那这3年就白费了。”交谈中，王晶多次重复这句话。那他现在做什么？复习考试。但是，每天他会控制不住地拖延、纠结、郁闷，最近半个月，他加起来有效的看书时间只有五六个小时，其余时间要么心烦意乱，要么看视频玩游戏。“我要调整自己的状态，不能再耽误下去了。”王晶心里清楚，只是做到很难。（摘自2016年11月15日山西晚报）

【案例1启示】本案例的主人公，在慢就业过程中，由于遇到挫折失败，对未来的期待变得模糊，因此慢就业不可怕，但需要给自己设置合理目标，走出不良暗示，敢于走出自己的舒适圈，比如离开父母。在父母身边住当然舒服，什么都不用操心，但这样长久下去，可能磨损意志力。对这些学生来说，要为了自己的发展而找工作，而不是别人的眼光和面子。

2. 另外一类大学生是“迂回向前”，错峰就业。如案例故事2中的主人公飞飞

【案例故事2】飞飞，1990年生人，家乡太原。本科学历，会计专业，2014年毕业。

飞飞是个姑娘，个头只有1. 58米，身材消瘦，但相熟的朋友，喜欢称她“哥”。“我性格强悍。”飞飞笑起来嘴咧很大，一排露出10颗牙。

她在朋友中被传颂的经历，是毕业后跑到贵州支教，教英语、语文和音乐。让她产生支教想法的是在一个论坛里认识的网友，“他们是一群志愿者，关注贵州山区的贫困学生。那里在大山深处，交通不便，条件很艰苦。”大三时，飞飞利用暑假去了贵州遵义正安县的一所小学，“真正的大山深处，曾经在电视里见过的场景出现在眼前，真的很震撼。”

大四要毕业了，飞飞一直惦记着那里的孩子。“我跟他们说要回去的。”飞飞跟父母商量，开始父母不太同意，觉得她一个小姑娘去那么远的地方不安全，后来飞飞跟父母反复协商，才征得父母同意，“他们同意

我去一年。一年后回来找工作上班。”

在贵州很多乡村，不少学校都长期招募支教老师，有一年的、半年的。“生活简单，心情简单。每天教给孩子一些知识就满足了。”飞飞告诉记者，在那里，即使六七岁的孩子，都是家里的重要劳动力，清晨5点多就出门放牛、干农活，然后来上课。中午吃的是带的冷饭团。她刚去时专门带了一书包山西的牛肉、小米，为了给孩子们改善下伙食。“很多大学生也去支教，不过都是暑假。原本放假的时间，但很多孩子愿意来上课，因为可以接触到外面的人，他们很兴奋。”飞飞说，希望有些在城市感觉忙碌却没有收获的人，可以抽出时间尝试支教，“会有不一样的收获。”

支教回来后，飞飞开始找工作。“很多国企和银行不招往届生，面向社会招聘的，则对个人工作经验要求很高，我报了一些私企，还做过半年销售。”后来，飞飞考上一家大型私企，工作稳定下来。（摘自2016年11月15日山西晚报）

【案例2启示】本案例的主人公比较成功，原因在于，慢就业对她来说并不是漫无目的的行动，而是有着比较周全的计划性。这启示我们秉持慢就业观念，但行动要有策略。第一，设定合理目标。要“适合我”的目标，而不只是设定“好”的目标。第二，设定目标达成期限。比如考研考几年，不能无限期下去，这样不现实。第三，大量实践，一定要动。比如考研，不能跟所有人都说了要去考，结果到眼前觉得没什么希望，连考场都没上。第四，检验目标。到了一定阶段，要看自己目标是否完成，如果没有完成，要反思，问自己为什么没完成，这个目标是否不适合自己。第五，调整、重设目标。这样，前面的工作才是有意义的。哪怕没有完成，但你认识了自己，依然是有意义的。

（二）慢就业观念辨析

1. 个体视角

作为慢就业观念的当事人，大学生认为应该给予“慢就业”一族理解与宽容，因为相比以往毕业生身上的“早就业、稳收入”等标签，90后毕业生更多地开始考虑自己的兴趣、志向等，他们宁愿“错峰就业”，也不想“入错行”，他们更希望第一份工作就能一步到位。他们认为每个人的道路都是自己走出来的，而不是跟别人比较出来的，只要走得踏实，走得有价值，慢一些影响并不大。客观的说面对日益激烈的求职竞争，部分大学生“错峰就业”，让自己有更多的时间用来积蓄力量，或者四处走走、多看看就业市场，这本身无可厚非，也应当是一种多元选择的权利。

2. 旁观者视角

对慢就业如何看呢？慢就业不是不就业，它的出发点和立足点是毕业生的个性化发展，是一种不随大流、不盲从的就业心态。对此，我们赞同蒲公英评论员程骞意见。他认为对于“慢就业”现象，应该辩证地看待，不能一味地指责。

有的大学生毕业后“宅”在家里，不学习也不做事，不跟家人交流也不跟外界往来。这的确是可怕的“啃老”，这样的小青年在思想认识上或心理上多少有点问题，理应受到批评。还有的大学毕业生一心想成为体制内的一员，年年考公务员、事业编，三五年过去仍然没考上，但仍躲在家里复习备考，这样的“慢就业”也有问题，其就业观过于单一狭隘，花这么长的时间在家复习不如边工作边复习备考，长期“赋闲在家”实在是虚掷青春韶华。

上述两类情形的确涉嫌“啃老”，不宜提倡和效仿，有志青年应该自觉抵制。但社会是发展变化的，年轻一代的就业观也在慢慢改变，有的不再恪守“毕业即工作”的传统模式，而是更多地考虑就业质量。如果家庭经济条件允许，家人又支持，自己的确又是本着提高就业质量的目的，那么这样的“慢就业”就应被宽容和理解，他们“慢就业”的效果也值得期待。对分明在“啃老”的做法要反对，对为追求就业高质量的“慢”则应理解、包容和支持。

三、依赖社会关系找工作观念

关系一词是了解中国社会运行规则绕不开的概念。而人情是关系的本质。讲人情原本无可厚非，但必须杜绝人情对于规则的全面逾越。一些大学生受社会不良环境的影响，就业或创业过程中，有着依靠社会关系找工作的观念。对此我们要做一分为二的分析。

一方面，社会关系可以帮助收集、筛选信息，可以弥补大学毕业生就业信息的不对称。当前我国的人才市场培育尚不完善，大量的人才供需信息虽然借助互联网传播有了一定的广度，但部分人才需求信息的传播仍然缺乏一定的公开性、易得性。大学生就业时通过学校的老师、自己的亲戚朋友等社会关系网络，可以帮助建立起一个可信度较高的信息网络；社会关系可以帮助推荐就业，大学毕业生求职时直接利用人际关系网络来获得就业机会，对于有效就业意义突出。

另一方面，过度追求和使用社会关系也给当事人和社会带来了许多消极影响，大学生处于人生价值观确立的关键时期，如果在就业中只看到社会关系帮助大学生找工作的好处，降低对自身努力的自信，那就容易对社会主义核心价值观所主张的公平正义观念形成怀疑，进而崇拜权力和关系的作用。不容否认，现实中所存在的托关系、走后门等社会不良风气，侵蚀着当代大学生的进取之心和奋斗精神；某些大学生容易滋长关系依赖思想。有社会关系的某些大学生自恃关系和门路，放松对自身素质、能力的培养，放松自身的努力，形成对社会关系的依赖。

四、先就业后择业的观念

大学生毕业带着独立的兴奋和对未来的茫然，切断了家人的经济支持，独自一人面对严峻的就业压力。是顺应形势找份只要能赚钱的工作，然后再考虑改变就业方向，做回老本行；还是根据自己的特长找准职业定位，坚持选择一份适合自己的职业？问题的答案因人而异。

【案例观点1】就业是第一选择，先独立才有权利自由选择。文涛是某大学计算机管理学专业学生，当面临就业与择业的选择时，他说：你有没有去过招聘会？人山人海中，还没等你看明白招聘要求，就告诉你已经招满了，真是让人有危机感，好像漂在水中快要溺死的感觉，能够有一个机会让我尽快工作真的求之不得，否则过了这村就没这店了，看看寝室里出去找工作的，基本上都没有和公司正式签约。这些人当中不乏学生时代的骨干和精英，可现在呢，几乎一股脑都被踢到淘汰线以外。而且我们的系别还算时髦，好歹互联网时代，有一部分计算机管理经验择业范围应该很广，但是真正到招聘会上去，就会发现招聘公司其实需要全才，而且跨行业招聘也屡见不鲜，反而本专业的人遭到排挤。世道这么不好，我觉得应该先就业，就业后有机会给自己充电，以后的事情还很难说。

【案例观点2】坚持择业优先，自己不会随波逐流。胡大志，某大学财政管理专业毕业，他认为对于刚走出校园的大学生来说，毕业的时候一无所有，所以第一份工作的意义是很大的。就好像一场恋爱，初恋总是最让人难忘，如果选择错误对象，有可能会悔恨终生，迫于就业压力，“先就业，后择业”，日后如何再进行选择？在一个环境待久了，你的做事方式和判断能力都局限于自己工作经验中，很难有更高的提升，如果重新择业，跟从头开始没什么区别，这样的选择依然是被动的，不被看好的。我认为要对自己有一个良好的社会定位和规划之后再进行有选择性地就业，知道自己的底线，也知道自己能做什么。有一个良好的心态，对自己有清晰的认识，才能在工作中真正发挥自己的潜力，并为以后的职场生涯开拓出更广阔的道路。

【案例观点3】择业和就业各有利弊，选择什么看自己的实际情况。孙岩，哲学专业毕业生，他说：我是学哲学的，什么事情都愿意往本质考虑。其实择业和就业的关系说白了就是一个鸡和蛋的问题。如果就业就是为了力求目前生活安稳，能够独立，而择业则是为了兴趣而宁愿等待，其实无所谓好与坏，各有利弊。但是不管怎样，都要明白自己的生存条件，有了这个前提才能发展自己的兴趣和爱好。其实很多时候，并不是我们要去怎样选择，而是客观环境逼迫你不得不这样选那样做，只要不产生反感，能够开开心心生活下去，我个人觉得怎样选择都可以。

对于上述三种观点，无所谓对错，只有是否适合自己的问题。我们建议，不盲目坚持特定观点，是择业还是就业从自身实际出发。当然从宏观就业形势论，在如今就业形势尤其是应届毕业生就业难的大环境下，很难在就业的同时实现择业；对绝大多数毕业生而言，缺乏对就业岗位的必要了解，一次找到理想的岗位并不容易。与其让自己处于失业状态，不如先找份工作干起来。在这个过程中，大部分人都会发现自己积累了社会经验，学习了职业技能，这是将来发展必不可少的，毕竟用人单位越来越看重经验。但前提是，求职者必须做好再择业的准备，真正积累了经验和技能才有可能打赢求职仗。

第三节　树立正确的择业观

择业是每个大学生所面对的人生选择，从一定意义上说，这一问题解决得是否科学合理，将影响其知识的发挥乃至日后事业基础的奠定。因此，树立正确的择业观，恰当地确定择业目标，对大学生顺利走向社会，服务社会，实现自身的价值是非常重要的。

一、树立正确的职业观

职业观，就是择业者对职业的认识、态度、观点，如对职业评价、择业方向等的认识，是择业者选择职业的指导思想。职业是人实现其社会价值和个人价值的平台，也是获得基本生活来源的手段。职业选择是择业的核心问题，是择业观的具体体现。

（一）选择职业的标准

1. 选择有尊严的职业

尊严是什么？尊严就是最能使人高尚起来、使他的活动和他的一切努力具有崇高品质的东西，就是使他无可非议、受到众人钦佩的东西。所谓有尊严的职业是能给人以尊严的职业，在从事这种职业时我们不是作为奴隶般的工具，而是在自己的领域内独立地进行创造。

在现实社会中，许多人尽管口头上讲职业平等，但潜意识里把职业分作三六九等，对某些职业存在排斥心理。例如：听到名牌大学生去卖糖葫芦，一片哗然，许多人潜意识就认为学历高不能从事职业声望较低的职业。虽然卖糖葫芦不算做一个职业，但起码是一种能够谋生的手段。比尔·盖茨刚走上社会时不过是一个普通的软件开发员，而且未毕业就去搞“单干”了。一个大学生准备当“陪聊”之时，马上就有人不拿正眼看这事，说三道四，似乎这是一个肮脏得不能再肮脏的职业。这种看法都是不正确的职业观的体现。在现实社会中，除去那些违反法律、违背道德的职业，只要是合法的职业，都应该被我们尊重。一份有尊严的职业，不是在意别人怎么看待自己，而是这份正当的工作带给我们的价值，在坚持这份工作的时候，我们实现了自己的人生价值和人生理想，发挥了自己的光和热，我们在获得自我价值的肯定的时候，也获得了别人的肯定，这就是有尊严的职业。

用马克思的话来说就是“不一定是最高贵的职业，但总是最可取的职业。”“是让人在自己的领域内独立创造，而不是奴隶般工作的职业。”应该把人的尊严、人格的独立、个性的解放，作为职业选择的必须考虑因素。

2. 选择把社会需要与个人发展结合起来获得主客观统一的职业

社会理想和个人理想的关系是辩证统一的。社会理想的实现需要每个公民充分发挥自己的聪明才智，为社会多做贡献。社会也应最大限度地提供一切可能的社会条件和保证，以满足人们对个人理想的追求。一个人的职业选择既要体现自己的个人理想又要把这种对理想的追求与其对美好社会的向往与期盼结合起来，这样的理想追求是最富有人生价值的。大学生在选择职业时不能仅仅考虑自己的兴趣爱好，而是要站在社会理想的角度去规划自己的职业。

追求人类幸福的职业是“能为我们提供广阔场所的完美境地”的职业。马克思说个人完美与人类幸福这两种利益不是敌对、互相冲突的。人类的天性本身就是这样的：人们只有为同时代人的完美、为他们的幸福而工作，才能使自己也过得完美。如果一个人只为自己劳动，他也许能够成为著名的学者、大哲人、卓越诗人，然而他永远不能成为完美无瑕的伟大人物。这就是我们常说的自我价值与社会价值的统一。

马克思主义职业选择观主张社会价值和个人价值的统一，就是为了在社会生活中，在两个方面即“社会对个人的尊重和满足”和“个人对社会的责任和贡献”来全面地、充分地实现人的价值，也就是实现人的全面的、自由的发展。大学生在实现个人价值的同时，也要兼顾社会价值，选择对社会有贡献的职业。总之，自我价值的实现要以社会价值的实现为前提，在实现社会价值的基础上要努力实现自我的价值。在实现自己价值的道路上做到与社会价值统一。

（二）依据客观实际确立职业理想

所谓职业理想，简单来说是指人们对未来的专业、工作部门、工作种类以及事业成就大小的向往和追求。它应该建立在个人的专业知识与能力、兴趣和职业激情的基础上，只有三个圆重叠的部分，才可确立为自己的职业理想。有人说，现在找工作赚钱就行，尤其是在就业形势非常严峻的情况下，没有必要再谈职业理想了。这种看法是不对的。实际上，在任何情况下，一个人都应该有一个长远而又切实的职业理想。

在实际生活中，现实往往与职业理想发生矛盾。很多人不能按照自己的理想标准选到合适的职业，于是有的人索性不就业，坐等理想职业的出现；有的人则随便谋个有收入的职业混日子；也有的人对与自己的职业理想不相符的工作怨天尤人，无所作为。这些现象发生的根源，皆在于择业者没有能正确认识职业理想与现实的关系。其实，在大学生毕业后的头两年，大多数人都会感觉到现实与自己职业理想的落差非常大，这段时期可以称作“职业探索期”。在这段时间里，职业理想与现实发生冲突非常正常。我们应该用这段时间积累经验，同时通过增加对自己兴趣、能力等各方面的认识调整自己的职业理想，积极寻找机会，从而为自己的长期发展奠定基础。

对于即将毕业的大学生来说，职业理想与“饭碗”的矛盾更会经常发生。这种现象一旦发生时，既不要怨天尤人，也不要心灰意冷，而是要冷静地看待。

第一，要认真地分析一下自己的职业理想定得是不是脱离实际、过高；自己的职业素质符合不符合你所选择的职业要求。职业理想虽然因人而异，没有绝对的标准。但是，有一点必须指出的是，理想职业必须以个人能力为依据，超越客观条件去追求自己的所谓理想，是不现实的。这就要求大学毕业生在选择职业之前一定正确估价自己，给自己一个合理的定位。

第二，要懂得职业理想不等于理想职业。一般认为当个人的能力、职业理想与职业岗位最佳结合时，即达到三者的有机统一时，这个职业才是你的理想职业。只要你的职业理想符合社会需要，而自己又确实具备从事那种职业的职业素质，并且愿意不断地付出努力，迟早会有一天实现自己的职业理想；而理想职业却带有很大的幻想成分。

第三，如果你所选择的职业岗位已无空缺，而你又需要立即就业，那就先降低一点自己的要求。因为如果没有工作，即意味着没有实现职业理想的可能。而就业以后，可以在主观的作用下向自己的职业理想靠近，例如对自己的兴趣、爱好进行一定的调整。

二、树立两种择业意识

大学生就业制度保障了大学生就业中的主动权和自主权，但也对大学生就业提出了更高的要求，大学生必须树立以下两个意识：

（一）主动意识

在择业过程中，如果不是积极主动行动，而是被动等待用人单位上门或等待学校推荐，会极大降低择业的效率。

首先要敢于担当。要认识到找工作是大学生自身的责任，这既是对自我人生的一种责任，也是对父母支持自己接受教育的责任体现。在找工作的过程中，可以预见会有诸多的困难和问题，凡事不是主动去解决，而是被动等待或者绕道而行，那找工作的耗费的时间成本就会增加。因此，要主动出击，要靠自己的才华和良好的素质去争得一份比较理想的职业

其次，要有成功就业的心理期望。一个对求职行动结果不抱有强烈成功期望的人，是不会主动择业的。如果对行为结果的预计是失败或悲观的，那求职行动就会缺乏动力。大学生可以把自己的目标、理想、志向、梦想写下来，制成卡片，或贴在书桌旁的墙上，每天大声朗读，一有空就反复默念。天天暗示的目标是把这些目标、理想、志向、梦想融入自己的潜意识中，进而激励和强化自己追求求职成功的强烈欲望。

最后，要有找方法解决问题的自觉。求职总会遇到问题，面对问题总是找借口的人，畏难情绪严重，这种人是不会有主动意识的。相反，具有主动意识的大学生，遇到问题总是积极想办法，对求职行动是充满热爱、充满激情的。当然方法意识不仅仅包括找方法的意识，还要有分析辨别好方法与坏方法的能力，同一个问题，解决方法不止一个，要学会从多个方法中选择最优化的方法，这就需要平时的经验积累、知识积累，还要有开阔的眼界和思路。

（二）竞争意识

面对社会主义市场经济的大潮，竞争意识是现代人必备的素质之一。求职本身也是一种竞争，人才市场上的供求关系总会存在这样或那样的一些不平衡之处，同一工作岗位往往有较多的择业者期望获得，如果没有主动竞争的思想准备和积极参与应聘的行为，是难以顺利就业的。敢于竞争，树立“爱拼才会赢”的观念，才能在求职中取得理想效果。

1. 要指导学生选择合适的竞争参照对象

每个大学生的学习水平、思想水平以及能力水平参差不齐，在求职竞争过程中，让他们在同一起跑线上启程，并取得同样的效果是不现实的。那么，指导学生选择适合自己的求职参照对象进行比较，对于巩固他们的竞争意识尤为重要。这包括两方面的内容：一是指求职中要与和自己专

业、能力、毕业学校相近的同学进行比较，而不是同自己相比优秀许多的同学比较，这样大学生的自信心会得以加强，这会给竞争增加积极因素。二是指教师可引导学生认知自我，与竞争对手比较某一方面的优势，把准衡量的标准，不断自我激励。

2. 帮助学生树立正确的竞争观念

首先要引导大学生树立良性竞争意识。求职中的竞争不是你死我活的斗争，竞争手段要符合法律、符合道德。竞争要凭借自己实实在在的苦干赢得成功，不能靠投机取巧牟取私利。其次培养学生不怕失败的心理品质。尽管竞争是公平公正公开的，但竞争的残酷性依然存在。优胜劣汰，这是竞争必然带来的结果。成功与失败，永远与竞争相伴随。竞争过程中，伴随大学生的必然是各种心理体验与心理调整，特别是在经历了失败的阵痛之后，心理承受力的锻炼与心理平衡的再调整，对大学生至关重要。一个志在必得、永不服输的竞争者，就必须具备不怕失败、屡败屡战的顽强战斗精神。

三、新就业观

传统就业观认为“考上大学就是跳出农门”“进了编制就有了铁饭碗”，一方面许多大学生热衷于留在城市工作，另一方面许多大学生对用人单位性质十分介意。而随着互联网+时代的到来，新行业新职业不断涌现，人们开始更新自己对就业本质的认识，那就是如果一个人能在能发挥自己能力与才干，同时又能服务于社会的岗位上工作，就是就业，这是一种弹性而广泛的就业。

在经济新常态背景下，我国供给侧改革如火如荼，全国产业结构的深刻调整，使就业依然面临着巨大压力。与传统的刚性而狭义的就业相比，当代多种就业岗位与新行业密切相关，比如网购催生了大批快递小哥的诞生、外卖的蓬勃发展催生了大批的送餐员。观察当代就业，就会发现当今工作岗位具有更大的可变性、可容性和流动性。适应就业发生的变化，大学生要树立新的就业观，主要包括如下内容：

（1）树立能上能下的就业思想

有许多大学生潜意识里认为“大学生毕业就得当白领”，人为地认定某些职业才是大学生干的工作，某些职业不是大学生干的工作。新就业观要求大学生打破这些职业框框，既要努力争取那些“白领”岗位，也要结合自身实际、就业形势，不断调整或放低自身期望值，做好从蓝领、灰领干起的心理准备。

（2）树立跨地区、跨行业、跨所有制甚至跨国界的全方位就业思想

就业限定的前提条件越多，那寻找合适职业岗位的范围就会越窄。大学生要转变思想观念，要先生存再生活，在没有找到实现职业理想的路径之前，要学会把工作视作基本的谋生手段，只要工作岗位合适，并能实现自己的价值，为社会发出一份光和热，那所谓行业、体制、区域等因素都应尽量跨越。

（3）树立流动就业的思想，要打破一步到位、从一而终的就业观

现代社会为人们提供了独立发展的空间，市场经济配置劳动力资源的特征是人才流动。市场优化配置资源的方式是合理流动。随着我国社会主义人才流动相关制度的不断完善，为大学生的流动就业创造了诸多条件。比如医疗保险、养老保险的社会保险异地统筹工作的推进，解除了许多人的后顾之忧。此外，互联网背景下，许多新职业的出现，比如网络编辑、程序编写员、网店老板等，让大学生居家工作成为一种可能。因此，大学生不必急于在短时间内找到一个固定的“铁饭碗”，要学会在流动中求生存求发展。

（4）树立到基层工作的观念

所谓到基层工作，主要指大学毕业生到县及以下机关事业单位、中小微企业等各类基层单位以及到农村就业。基层已成高校毕业生就业的主渠道、发挥作用的大舞台。基层可以锤炼大学生的智慧和力量，可以为大学毕业生提供施展才华的广阔天地；基层工作最能磨炼大学生的坚强意志和优秀品质，大学生的能力可以在基层工作过程中用实践检验成效。

2017年1月，中共中央办公厅、国务院办公厅印发《关于进一步引导和

鼓励高校毕业生到基层工作的意见》，为大学生到基层工作提供了新的政策保障。可以说，在建设中国特色社会主义的进程中，到基层工作成为了越来越多大学生的选择。因此，在就业指导中，引导大学生树立基层工作观念，是适应国家和社会发展需要的必然。

第五章　求职信息的甄别与运用心理

在求职择业过程中，搜集求职信息是大学生找工作第一步。在传统的就业指导中，对于求职信息搜集与整理有着专门的理论说明。但这些理论说明，关注了信息搜集的技术层面，对于求职信息收集后的判断以及选择心理并没有详细说明。现实中，求职信息收集和选择，不仅是对大学生求职观念的考验，也是对大学生求职心态健康的考验。

第一节　搜集求职信息的心态

搜集求职信息时，我们会面对这样的状况，即所有用人单位不可能在同一时间发布招聘信息，大学生个体也不可能搜集到所有求职信息。在特定时间点上，大学生掌握的求职信息总是有限的。搜集信息的心态会影响就业的方向，保持搜集信息的良好心态，并避免一些误区，会帮助大学生提高搜集信息的效率。

一、搜集求职信息的应有心态

（一）及时心态

从目前情况看，在校大学生的择业是在每年的10月到次年的5月，时间集中，这段时间用人单位也会集中发布招聘信息。大学生对于自我求职成功的目标应设定时间期限，因为毕业后如果再求职，时间成本会增加。这要求大学生搜集求职信息也不能无限期地拖下去，或者是无限期等待下一条更好的信息，它要求大学生及时接收信息并随之做出选择。另外一个角度说，任何招聘信息都会规定招聘的时限，不能及时的搜集这些信息，大学生可能就会错失应聘的机会。大学生可以在就业开始之时制定求职计划书，并在内容上明确搜集求职信息的时间表，以此督促自我及时搜集求职信息。

（二）包容心态

搜集信息的包容心态体现在两个方面，一方面是对求职信息本身内容的态度上，另一方面是对求职信息与自己就业目标的相关度上。

从求职信息本身的内容看，正如世界上的事情，没有十全十美的。任何招聘信息发布，不管是文字或视频材料，都只是提示了最关键的信息，不能涵盖用人单位的所有情况。所谓招聘信息的关键要素，是指它包含着应聘的岗位、要求、时间以及地点和联系方式。大学生在搜集求职信息时，个人的好恶当然是判断标准之一。但我们对待招聘信息所提供的内容，要允许招聘信息内容上不全面，能够包容性的接收现有信息，而不是按照自己的标准对招聘信息进行预先的选择，这样容易错失就业机会。

从求职信息与自我就业目标关联度来看，很少能有一条求职信息与自身就业目标完全一致，我们要包容性搜集与就业目标关联度不大但有可能被使用的求职信息。我们搜集信息时，最好把与自己专业有关联的就业信息统统收集起来，再按一定的标准进行整理和筛选，以备使用。这样获取的就业信息就会比较广泛，选择的余地较大。

（三）“有限”心态

理论上说大学生只有把所有的求职信息都找出来，才能做出科学合理的“最优的求职方案”。绝对的合理性不自觉地推动大学生搜集所有有利于自身找工作的求职信息，但实际情况是，由于大学生所在高校的自身特点以及大学生自身能力限制，大学生很难得到关于求职的所有信息，大学生所获得的信息总是海量就业信息的一部分，实际上大学生的求职选择也是建立在部分信息基础之上的。所以，能够在全面的就业信息中找到“最符合自我价值追求”的求职信息，只有在纯数学和抽象的概念中存在，在现实生活中是不存在的，面对此种情况，“有限”心态最重要，否则自己就会陷入到无限烦恼之中。

二、搜集求职信息应避免的心态

（一）期待“更好”的心态

每个人内心都渴望找到理想工作，这种心理表现在搜集求职信息的心态上，就是按照自己的标准刻意地忽略了一些求职信息，同时又不断期待着符合自己愿望的求职信息出现。

这种期待心态可用一个案例故事说明：古希腊有一位大哲学家，名叫苏格拉底。一天，他带领几个弟子来到一块麦地边。那正是成熟的季节，地里满是沉甸甸的麦穗。苏格拉底对弟子们说：“你们去麦地里摘一个最大的麦穗，只许进不许退。我在麦地的尽头等你们。”弟子们听懂了老师的要求后，就陆续走进了麦地。地里到处都是大麦穗，哪一个才是最大的呢？弟子们埋头向前走。看看这一株，摇了摇头；看看那一株，又摇了摇头。他们总以为最大的麦穗还在前面。虽然有的弟子们也试着摘了几穗，但并不满意，便随手扔掉了。他们总以为机会还很多，完全没有必要过早地定夺。弟子们一边低着头往前走，一边用心地挑挑拣拣，经过了很长一段时间。突然，大家听到苏格拉底苍老的、如同洪钟一般的声音：“你们已经到头了。”这时两手空空的弟子们才如梦初醒。苏格拉底对弟子们说：“这块麦地里肯定有一穗是最大的，但你们未必能碰见它；即使碰见了，也未必能作出准确的判断。”苏格拉底的弟子们听了老师的话，悟出了这样一个道理：人的一生仿佛也是在麦地中行走，也在寻找那最大的一穗。有的人见了那颗粒饱满的“麦穗”，就不失时机地摘下它；有的人则东张西望，一再错失良机。

找工作就像找麦穗一样，都想找到最好的。但如果没有确立“好”的标准，没有按照有限理性的搜集信息规则去行动，那找到合适工作的难度就会大大增加。现实是，在就业市场中，作为买方的用人单位和作为卖方的大学生存在着信息不对称现象。对于用人单位而言，了解本行业的动态和发展趋势，相对于大学生来说拥有的信息多；而大学生拥有的信息少，由于双方掌握的信息不对称，用人单位发布的信息很容易让大学生陷入选择困惑。这就要求大学生从搜集求职信息开始就要避免期待“更好”的心态。

（二）“碰运气”的心态

互联网的广泛运用，尤其是移动互联时代的到来，让许多大学生习惯于从网络空间获取信息。除了一些专业的人才招聘网站外，一些用人单位会运用自有网站发布招聘信息，对于特定大学生来说，能够搜集到什么样的信息，具有偶然性。同时，网络并不是用人单位发布招聘信息的唯一媒体，有些用人单位为了扩大信息受众数量，会利用传统媒体如报纸、杂志、广播、电视等发布信息。从这个角度说，大学生能否找到对自己有用的求职信息有“碰运气”的成分。

如果因此有人觉得求职信息的搜集也是“碰运气”，只抱着“碰运气”的心态，看到什么信息就搜集什么信息，漫无目的地搜集相关信息，那就业的效率就会大大受影响。

（三）依赖网络的心态

移动互联时代，联网的手机似乎可以搞定一切问题。在搜集求职信息时，这种习惯也会延伸。手机随时随地的上网，为大学生搜集求职信息带来无限方便。方便如果变成依赖，把希望完全寄托于网络，只从网络上搜集信息，忽视其他渠道信息的获得，也会影响就业。

我们搜集信息可以利用网络，但不能形成依赖网络的心态。固然，当代社会各用人单位利用网络发布招聘信息成为常态。有普遍就会有例外，一些特殊性的用人单位如军工单位，出于保密需要，网络空间查询不到信息；一些用人单位会同时在纸质媒体和网络空间同时发布信息，网络信息海量无限，我们不可能穷尽所有信息，未必能够及时看到招聘信息，反过来纸质媒体总归有限，如果我们能够关注某些纸质媒体，就可以大大提高搜集求职信息的效率；再有，一些用人单位会直接到学校招聘人才，未必一定会在网络上发布相关信息，依赖网络自然也会漏失某些信息。

第二节　求职信息的甄别心理

在社会节奏较快的情境下，招聘信息发布也呈现快速化的趋势，再加上在今天的信息化时代，大学生借助网络上网搜集求职信息已经是一种普遍现象。面对海量的招聘信息，对于承受巨大就业压力的大学生群体来说，不假思索地按照招聘信息去应聘，必然存在风险。虚假的就业信息不仅使大学生判断失误，还会浪费掉大量的宝贵时间和钱财，甚至会带来人身的伤害。尤其在社会日益复杂，招聘信息鱼龙混杂，且可能存在故意欺骗招聘信息的现实情况下，更需要大学生对招聘信息多问一个为什么，对招聘信息进行合理质疑，并进行甄别，以免上当受骗。

一、对求职信息的质疑心理

（一）质疑心理的内涵

质疑的核心便是产生疑问，提出问题。“疑”是思维成果的一种形式，没有积极的思维活动，也就不可能产生疑问。当然，疑问又能进一步促进思维活动的开展。但这是两种不同的思维活动方式，前者重在生疑，后者重在释疑。

质疑便是让学生在解读招聘信息时产生疑问，并对信息真假保持一定的警惕性。产生疑问的过程是个复杂的心理活动过程。对招聘信息的接收过程是一个审定信息的过程。它始终伴随着以真假判断为基本形式的思维活动。从质疑的心理活动过程来分析，它是由两个心智操作系统共同协作完成的，一个是理解认知过程，应该说招聘信息本身十分简单，但对其理解认知需要大学生相当程度的社会经验，这是一个由主体对客体的信息加工的过程。一个是自我反思的过程，即大学生对判断求职信息真假的标准进行再思考再确证的过程。

（二）培养质疑心理能力

影响质疑心理能力的主要有内部动机、认识水平、思维品质三个要素。培养大学生质疑心理能力，也从这三个方面入手。

1. 强化质疑的内部动机

任何活动的进行都离不开动力机制的支持。质疑是大学生对招聘信息的一种探索行为，如果没有大学生自身的积极参与、主动探索，那么，质疑是无法开始和进行的。质疑的这种内部智力活动的特点，决定了它的动力归根到底要来自内部动机。

形成质疑的内部动机，是培养质疑心理能力的基础。从根本上说，保持对招聘信息真假的警惕性是关键。具体来说，要结合大学生的身心特点和大学生对社会认知的情况，把甄别招聘信息真假的重要性有效传达给大学生，激发大学生质疑招聘信息的内部动机是重要策略。发挥大学生主体作用，培养大学生敢于怀疑的精神。当然质疑招聘信息的能力，需要大学生掌握一定方法。有俗语说，会者不难。认知招聘信息的基本要素，才能把握甄别招聘信息的基础。因此，要在就业指导中加强甄别信息技巧方法的培训，帮助大学生掌握质疑方法。

2. 提高招聘信息认知能力

对招聘信息的判断和理解与大学生对招聘信息认识水平有关，而认识水平除了通过报纸期刊、网络等获取的一些基本常识外，还可以依靠应聘经验的积累。解释这种现象，可以拿智力操作的生手和熟手来打比方。一个仅是棋类的爱好者下出一步棋，通常他不会觉得有什么问题，而一个有经验的职业棋手却能发现许多问题。同样，一张X光片子，病人看不出什么名堂，而医师却能做出很好的鉴定。这就在于一个有较高的认知水平和加工技能，对问题有敏锐的判断力，而一个却缺乏对对象的深入认识，也就发现不了问题。因此，就业指导中，要积极引导大学生不断总结自己的应聘经验，同时不定期组织大学生进行应聘经验的交流。

3. 锤炼良好思维品质

质疑是大学生思维品质的综合反映。思维品质是思维活动中智力特点在个体身上的表现，体现了每个个体思维水平和智力的差异。同质疑心理能力联系最紧密的是思维品质的深刻性、灵活性、周密性、批判性。

思维的深刻性集中表现为在智力活动中能深入思考招聘信息中所列举的问题，善于概括、推理，善于抓住同类招聘信息的本质和规律，开展系统的理解活动，善于预见招聘信息所展示的求职发展进程；思维的灵活性表现在能够多角度地思考招聘信息所反映出来的问题，运用求异思维、具有多向性，善于组合、分析，迁移能力强，在质疑中善于联系新旧知识、生活经验多方比较，对招聘信息进行逻辑上的求证；思维的周密性表现为深思熟虑，善于考察和分析招聘信息各具体内容条目之间的联系以及多种因素的影响，运用逻辑思维，进行严密地推论；思维的批判性表现为在判断求职信息时，独立思考，不依傍成见、墨守成规、人云亦云，当遇到求职信息有描述模糊地方，能坚持自己的看法，不迷信，不盲从，敢于怀疑，善于怀疑，能够指出招聘信息存在的问题。

二、对求职信息的求证心理

求职信息的真假问题，不是一个理论问题，它是一个实践求证的问题。而求证心理养成，是在质疑心理基础之上的求证习惯的培养。

（一）求证心理的内涵

所谓求证心理，指的是面对求职招聘信息，在质疑心理的基础之上，善于运用求证思维对求职招聘信息的真实性进行确认。培养大学生求证心理，要引导学生求证真假问题。例如，现实社会中确实有些用人单位借工作机会和拥有信息的有利条件，以发布虚假、夸大或模糊的招聘信息为手段，以牟利或者其他意图为目的对应聘者进行欺骗。如果大学生时刻保持求证心理，那就很容易识破这些骗局。

此外，求职信息还存在信息描述与实际情况相符合程度问题。对于招聘信息发布者，适当美化本用人单位某些招聘条件，能够吸引到更多的人才前来应聘。对于信息描述和实际情况之间的差距，同样需要大学生通过各种途径进行证实或证伪，以更好的知己知彼，这样才能在应聘中占据主动地位。

（二）求证心理的培养

1. 要善于思考

思维是从问题开始的。大学生在日常生活中要养成凡事问个为什么的思维习惯，当有了问题、产生解决问题的需要时，大脑才能活跃起来，才能有求证解决的心理需求。大学生在搜集求职信息过程中，要随时保持警惕性心态。

2. 要善于接纳别人提出的意见

“三个臭皮匠，顶个诸葛亮”，在接收到求职信息时，要善于和别人分享，并认真倾听别人的意见。每个大学生在大学的经历相似，但由于个性差异以及知识结构的不同，他人往往能从求职信息中发现同我们不一样的问题。对于别人提出的意见首先要认真倾听，其次要认真思考。发现求职信息中的问题，经过独立思考，并且如果无法求证的话，问题仍然得不到解决，这就需要请教别人。有的同学感觉求职信息有问题，自己想不清楚，却不愿意去请教别人，这是虚荣心在作怪，这样不利于求职顺利进行。虚心向别人求教，也是求证的一种的途径。

3. 掌握求证的正确思维方法

大学生要掌握科学的思维方法，以达到在逻辑上、思维中求证求职信息真伪的目的。思维的基本方法也称思维的基本过程，主要表现为分析与综合、比较和归类、抽象和概括、系统化和具体化。

（1）分析和综合

分析就是把事物的各种属性、各个部分或方面分解开来， 一一加以考察的思维方法。与此相反，综合就是把事物的各种属性、各个部分或方面联合成为整体进行考察的思维方法。在分析求职信息时，不仅要理解信息各组成部分内在逻辑联系，还要综合考虑信息所传递的总体意涵。很多情况下我们需要的求职信息并不是完整、全面地展现在我们面前，信息往往是以分散的形式存在。因此，我们需要利用各种渠道和方式，充分收集与我们制定的职业发展目标和方向相关的信息，在经过分析整理后才能得到较为全面的求职信息。

（2）比较和归类

所谓比较，就是把各种事物加以对比，并确定它们之间的同或异的思维方法。有比较才有鉴别，只有通过比较，才能抓住知识和事物的特点。所谓归类，就是按照一定的标准把事物进行分门别类的思维方法。在甄别求职信息过程中，要善于比较不同求职信息之间的异同，同时对相似的求职信息运用归类法使知识趋于系统化、条理化，这样才能形成对求职信息的全面认识。比如大学生对各类招聘信息，可以制作专门表格，统计各种招聘信息。统计招聘信息的表格可以包括以下六个要素：企业名称；企业基本情况（企业性质、隶属关系、企业规模、人数、产品服务、发展现状和发展趋势）；应聘岗位及招聘人数；应聘条件（如学历、专业、职业资格、技术等级）；工作环境和薪资福利；联系人及联系方式。

（3）抽象和概括

抽象就是大脑在分析、综合和比较的基础上抽取同类事物一般的、本质的属性和内在联系，而舍弃非一般、非本质属性和外在联系的思维过程。而概括是在头脑中将抽象出来的事物的本质属性和内在联系综合起来，并推广到一类事物上去，使之普遍化的思维过程。甄别求职信息，要抽象思考同类求职信息特点，并对相关经验进行概括总结，以便为相似求职信息的甄别提供技巧。

（4）系统化和具体化

系统化就是把各种有关求职信息纳入一定顺序或体系的思维方法，在甄别求职信息时，可以按照用人单位种类、用人单位所在地域、用人单位所属行业等标准，对相关信息进行综合分析。具体化是指运用规避求职陷阱的相关概念或理论同具体求职信息联系起来的思维方法。尤其要注意，在甄别求职信息之时，要时刻提醒自己联系与求职陷阱相关的概念，如传销、诈骗以及违法等，运用这些概念去分析相关信息内容。

第三节　求职信息的运用心理

搜集和甄别求职信息，从最终目的上说，在于帮助大学生寻找工作。

求职信息的时限性要求大学生应及时运用有价值的信息去选择适合自己的工作。但求职信息不可能只有一条，更多时候是许多条。面对多个求职信息，我们在经历过甄别过程后，还面临着如何运用的情况。这既是求职抉择的技巧，也是求职者健康选择心理的体现。

一、运用求职信息的决策心理

（一）“有限理性”的决策心理

“有限理性”原理是赫伯特·西蒙现代决策理论的重要基石之一，也是对管理学的一项重大贡献。西蒙研究发现，人们的决策过程与理性选择大相径庭，由人组成的任何组织都无法完全按照经济学的纯粹理性模式去行动，无法按照“效率最大化”和“最优化原则”理性地指导自己的行动。只有从有限理性出发，才可以对现实生活中人的许多非理性行为作出合理的解释。古典经济理论假定决策者是“完全理性”的，认为决策者趋向于采取最优策略，以最小代价取得最大收益。西蒙对此进行了批评，他认为事实上这是做不到的。

在西蒙的研究中有一个著名的有关“蚂蚁”的比喻。一只蚂蚁在沙滩上爬行，蚂蚁爬行所留下的曲折的轨迹不表示蚂蚁认知能力的复杂性，只是说明海岸的复杂。它们知道蚁巢的大概方向，但具体走路的路线却是无法预料的，而且他们的视野也是有限的。其实人和蚂蚁是一样的，对外界的认识能力是有限的，对于外界的很多事情无法做出全面了解。从就业市场的角度来看，大学生作为卖方市场主体不可能搜集到所有用人单位信息，因此在最终择业选择上是搜集部分信息作为决策的基础。

（二）职业价值观是求职信息决策运用的依据

职业价值观是指人生目标和人生态度在职业选择方面的具体表现，也就是一个人对职业的认识和态度以及他对职业目标的追求和向往。职业价值观表明了一个人通过工作所要追求的理想是什么，是为了财富，还是为了地位，或是因为其他的因素，它探讨人们在职业选择和职业生活中，在众多的价值取向中，优先考虑哪种价值。

面对诸多的求职信息，选择哪些信息作为求职的方向，属于一种决策。心理学研究发现，由于受家庭环境、教育、兴趣爱好等多方面的影响，不同个体的职业价值观是不同的，而这种不同会影响人们对就业方向和具体职业岗位的选择，当然也会体现在求职信息的选择运用上。对大学生群体来说，职业价值观决定求职信息选择的方向。

（三）影响求职信息决策使用过程的心理要素

是否选择运用某一条求职信息，这种决策绝不是一次简单的决断，不是“眉头一皱，计上心来”，而是一个复杂的过程。这一过程中包含如下心理要素：

1. 对求职信息运用结果的预评估

对于大学生择业来说，选择不同的求职信息意味着不同的结果。不加抉择的运用所有接收到的求职信息去择业，无论从时间、财力上，还是个人的精力上来说都是做不到的。面对大量的求职信息，除了个人实际利益上的考虑之外，大学生必然要依据职业价值观，再加上个人经验、偏好、好恶等主观意志来进行一种价值抉择。这一过程需要大学生对求职信息运用结果进行预评估，并与自己的价值取向进行比较。尽管这种预评估是一种模糊性的主观判断，但这种预评估应该成为大学生的自觉行为，因为不同的求职信息在一定意义上都代表着人生发展的一个方向，没有预评估的过程，可能最终的结果就会与自己的愿望、理想背道而驰。从这一点出发，预评估求职信息运用的结果，就是大学生努力从一开始就预防了发生就业抉择的方向性错误。

2. 对求职信息运用的成本以及收益的看法

使用求职信息，意味着大学生去应聘，这本身就涉及成本问题。这里的成本涉及两个方面：一是使用特定招聘信息，对其他招聘机会的放弃，这属于机会成本；二是任何一条求职信息的使用，会耗费大学生的人力、物力、财力，这属于经济性成本。对此，我们可以通过一个寓言来理解：

“一个在炎热夏天远行的人，口渴难耐之时突遇清泉，他迫不及待地用手捧水来喝。他喝第一口水的感觉是甘洌如蜜，喝第二口水的感觉是如水放糖，当喝第三口水时的感觉就平平常常了。因为他对喝每口水的心理感受发生了变化，即每口水对他心理产生的效用不同。”这样看来，对待求职信息选择运用的机会成本以及预期的收益与决策者个人主观因素有很大关系。现实生活中，由于大学生个体的性格、经验、素养等不同，个体对求职信息成本和收益看法也会不同，有的人不怕风险，只要有一点希望便敢于去冒险；有的人怕担风险，即使有较大可能性获得较大利益也只愿选保险的方案。但作为特定的个体来说，需要从自身实际出发，认真地考虑这一问题。

3. 决策准则的选取

决策准则是决策者做决策的依据和指导法则，依此准则按一定的方法经过分析，求出最优方案。决策准则同样反映着决策者的心理特征，不同类型的决策者选择与其心理特质相同的准则，可以保证决策完全反映决策者的个人偏好、意志和愿望。常见的决策准则如下：

悲观准则——是大学生从最保险、保守的观点出发，对每个求职信息按最不利的状态发生来考虑，然后从中选用取得最大收益的求职信息。

乐观准则——是大学生从最乐观、冒险的观点出发，对每个求职信息按最有利的结果状态会发生来考虑，然后从中选出取得最大收益的求职信息，这个准则与悲观准则决策思想正好相反。

中庸准则——这种决策准则介于悲观准则与乐观准则之间，当大学生既不那么保守也不那么冒险时，根据已有的经验事先对求职信息作出的一种估计和判断，在按悲观准则选出的最优方案和按乐观准则选出的最优方案中折中选择求职信息。

二、求职信息使用中的自我完善心理

（一）自我完善心理的启动

大学生在求职过程中，面对求职信息对应聘者的要求，对照自身，总会显示自我的不足。大学生可以根据求职信息的要求及时调节自己的知识、技能结构，提高自己的工作能力，弥补原来的不足。如发现自己哪方面的课程、知识不足，就主动去学习，或发现自己哪方面的技能欠缺，就赶快参加必要的训练，主动学习和掌握相应的技能。若想达到求职成功，需要以求职信息为镜子不断地自我评价，达到认知自我，并促进自我在以后的人生中自我完善。这是一种寻求自我完善的心理，这是对求职信息运用的间接价值。

在现实生活中，有部分大学生在过去的大学生活中，把休闲娱乐放在首要位置，不重视专业技能的训练，不愿为了将来更长远的利益而牺牲掉眼前的利益，当面对求职信息所提示的职业要求时，因为缺乏与能力相适应的智力训练而受困于当下，这是最无可奈何的事。孔子说："朝闻道，夕死可矣"，此时觉悟到自我完善，在以后的人生中去努力并不算迟晚。如果一个人愿意不断进取，自我完善，他肯定会找到事业上升的机会，或者即使找不到，他也会创造出机会来。自我完善的前提是自己有不断进取的愿望，有了愿望，要达到完善的目的，还得战胜自我，战胜追求物质生活和享乐的自我。

（二）自我完善的途径与方法

对照求职招聘信息要求，对自我进行客观地、准确地评价，可以帮助大学生个体查找自我不足，并能够激发自我完善的心理动力。完善自我不是靠想象就能完成，它需要遵循一定的途径和方法。

1. 正确认识自我

人对自己的认识是一个不断探索的过程。通过不断认识自我，可以为完善自我提供心理基础。从方法角度说，可以从如下方面认识自我：

从我与他人的关系中认识自我。他人是反映自我的镜子，与他人交往，是个人获得自我认识的重要来源。人们一般很在乎别人对自己的看法。他们对自己的评价往往引起两方面的反应，一方面可能是积极认可，另一方面也许反感他人的说法。这两种反应都在合理的心理反应之中，但我们应正确对待他人对自己的评价，从分析他人对自己的评价中进一步认识自我。我们要做到既不对别人指出自己的缺点而耿耿于怀，更不因他人对自己的优点的赞扬而沾沾自喜。

从我与事的关系认识自我。即从做事的经验中正确认识自我。我们可以通过自己所做的事，所取得的成果、成就看到自己身上的优点和缺点。养成反思的习惯，每天反思自己所做的事情，哪里做得比较好，以后要继续保持；哪里做的有欠缺，下次再遇到同样的事情要引以为戒。

从我与己的关系认识自我。古人曰："吾日三省吾身"。首先，反思自己眼中的我。这里自己眼中的我指自己可以观察到的客观的我，包括身体、容貌、性别、年龄、职业、性格、气质、能力等。其次，通过自我比较来认识自我。人们可以从比较自己的过去、现在和将来中认识自我，从自己的发展历程中进行比较，从比较中认识自我。

2. 有效自我控制

所谓自我控制能力是自我意识的重要成分，它是个人对自身的心理和行为的主动掌握，是个体自觉地选择目标，在没有外界监督的情况下，适当地控制、调节自己的行为，抑制冲动，抵制诱惑，延迟满足，坚持不懈地保证目标实现的一种综合能力，表现在认知、情感、行为等方面。基于自我控制能力内涵，为了促进自我完善，有效控制自我可以从认知、情感、行为等方面入手。

认知自我完善的艰难性，避免对自我控制简单化理解。自我完善在一定程度上就是改变自我的过程，这一过程中有时会涉及自我价值观、心理活动方式以及行为习惯的转变。而每个人的价值观念、心理活动方式以及行为习惯是在个人长期生活中养成的，具有较强的稳定性。完善自我，打破原来"自我"的存在方式，对个体来说属于一种"革命"。如果个体对自我完善的艰难性认识不足，只简单认为自我控制就是简单地改变一些外在行为，忽视了内在心理支持，一旦遇到困难，就容易失去自我控制，从而导致自我完善的中断。

保持对自我完善的热烈情感，为自我控制提供情感支持。面向就业的自我完善，有功利性目的，这是不言自明的。有人说，追求功利性目标不能保持对目标实现的热烈情感。这一般指的是外在的物质性目标。这里的自我完善除了有利于就业外，更多的是提升自我适应社会的能力和水平，对大学生的整个人生都有莫大好处。因此，保持自我完善的热烈情感，完全有实现的现实基础。保持对自我完善的热烈情感可以使得一个在自我完善过程中遇到困难或问题的人不断自我激励，不断持续做出改变。保持自我完善的热烈情感，一是要坚定对就业目标的坚定信念；二是懂得调控自我情绪的相关方法（参考本书第二章）；三是要学会用乐观心态去分析就业中的问题与困难。

调控自我完善的行为，激励自我控制的持续进行。自我控制最终要落实到行为改变上。对自我完善的认知在一定程度上会影响行为，然而行为的真正改变，还需要大学生自身对行为进行反思调控。这里自我控制不是限制，是与自我完善目的相一致的行为调整。行为习惯，有其惯性。改变行为，除了观念的更新，更多的要靠实践锻炼。对于即将就业的大学生来说，要多多参加就业实践活动，比如当同学去应聘，条件允许的话去旁观，吸取别人的经验教训；请老师、同学观察自己在就业甚至是应聘等活动中的行为习惯，然后向自己提出改变意见，自己总结后照着去做；还可以主动与已经找到工作的同学深度交流，请他们谈谈新的体会。实践锻炼促进行为改变并可以巩固行为改变的成果，这反过来会强化自我控制的内在动力。

3. 掌握自我完善的具体方法

（1）积极的自我暗示

自我心理暗示是指一个人对自身进行的思想灌输。这样，自己的心理（心理活动）可以给自己的人格（潜意识）施加某种影响，改变自己的个性与人格。自我完善的前提，是有一个自我感觉不太满意的自我形象。积极的自我心理暗示对人的情绪和行为有奇妙的作用，恰当地使用积极的心理暗示可以达到消除紧张焦虑情绪，建立乐观积极心态的作用，可以为自我完善提供更强大的心理动力。反过来，消极的自我心理暗示对个体的自我效能感产生影响，对自我产生怀疑，不利于自我完善。

（2）自我完善目标的合理设定

这里所说的自我完善不是空泛意义上的，它是为就业成功而努力改进自我的一种有意识活动。面向就业，设定自我完善的合理目标，首先是理清自身的哪些缺点可以短期改正，哪些需要长期克服，并制定可操作的行动计划；其次是要对他人评价进行解析，对于符合自己实际的评价进一步具体化为努力的目标；再有就是要与父母、朋友就自我完善问题进行深度交流，多倾听他们的意见和建议。

三、求职信息运用中的共享心理

任何求职信息的选择性收集，都体现着大学生个人的职业价值观倾向。有些信息对自己不一定有用，可是对他人十分有用，遇到这种情况，千万不要掩盖这些信息而对其他同学秘而不宣，这是一种极大的浪费，也是一种不良心理的表现，是不足取的。其实，如果我们能主动输出对他人有用的信息，不仅是对他人的帮助，而且他人的顺利就业自然也使我们减少了一个竞争者。同时，这样做还增加了与他人交流信息增进友谊的机会，甚至我们也会从别人手中获得对自己十分有益的信息。

养成共享心理，就是在一定程度上正确认识同学之间的就业竞争问题。当代大学生在开展求职竞争过程中，对如何对待同学之间竞争的问题尚有许多模糊认识，需要进一步澄清。首先要明确自己同专业同学之间的竞争，不是你死我活的战争，是应聘机会和自身能否相适合的竞争，大学生要树立正确的竞争目的，把竞争的目标放在任职匹配上，而不是对其他同学的求职信息封锁上。其次竞争手段要合乎道德合乎法律。同一学校、同一专业甚至同一班级进行求职竞争的大学生之间没有根本利害的冲突，竞争绝不能通过故意隐瞒某些求职信息来实现。

总之，大学生个体求职是一个复杂漫长的过程，离不开与其他同学的相互合作和群体合作。两者是相辅相成，不可分割的。如果过度保护自我搜集的求职信息，而不愿与他人共享信息，那每个个体也会变得孤立。

第六章　求职面试阶段的心理准备

面试是求职应聘必不可少的环节之一，面试的结果决定着一次择业行为的成败。这一阶段心态如何把握，如何与招聘方进行沟通，会影响到求职面试的最终结果。在市面流行的就业指导类书籍中，有诸多介绍面试技巧的内容，但这些都没有涉及面试阶段，大学生应该做哪些心理方面的准备。

第一节　面试前的心态准备

当今大学生就业市场，是买方市场，用人单位占据着主动。有些大学生在求职面试前，总是感觉大敌当前，战战兢兢、哆哆嗦嗦，总是担心自己不能完全表现自己的优点，面试时不能妥当地处理问题，总之一句话，心态准备不足。对此，大学生可以从谦卑与自卑、自信与自负、勇敢与恐惧等几个方面进行心态调整。

一、要谦卑不要自卑的心态

谦卑是人与人交往的润滑剂，面试中的谦卑态度，有利于大学生留给面试官好印象；而自卑则是阻碍大学生面试过程中充分展示自我实力的绊脚石，是容易导致面试失败的心理要素。

（一）保持谦卑心态

“谦卑”一词在《现代汉语词典》里是这样注解的：谦虚，不自高自大。谦卑是在正确认知自我和积极评价自我的基础上，面对面试官的一种谦虚谨慎的心态，是对用人单位尊重的行为态度。作为接受过高等教育的大学生，求职应聘时都进行了一定的知识储备，然而，知识不等于经验，知识也不等于能力。因此，当要进行面试时，保持谦卑心理是一种正常心态。

谦卑心理的磨练不是想象就能完成，它要求大学生在求职面试中要打磨好面试细节。当代大学生中绝大部分人，都会在求职应聘前学习礼仪，能做到形式上的礼貌与谦卑。但发自内心的谦卑心态，不是一次两次礼仪训练可以培养出来的。这需要大学生在漫长的大学生活中积累培养。此外，谦卑心态还会最大程度体现在言语表达上。如果没有注意谈话礼仪的话，同样也会引起对方的不适感。因此，大学生在做好面试准备时，要注重语言表达的训练。

（二）摒弃自卑心态

自卑是一种消极的自我评价或自我意识，自卑感是个体对自己能力和品质评价偏低的一种消极情感。自卑感的产生，往往并非认识上的不同，而是感觉上的差异。其根源就是人们不喜欢用现实的标准或尺度来衡量自己，而相信或假定自己应该达到某种标准或尺度。如“我应该如此这般”“我应该像某人一样”等。这种追求大多脱离实际，只会滋生更多的烦恼和自卑，使自己更加抑郁和自责。自卑是人生成功之大敌。求职面试时的自卑更是会影响着择业的成功。自卑让大学生在面对面试官时，更容易紧张，从而导致大学生与面试官之间交流的障碍，甚至会导致面试的终止。

自卑与自我认知以及和同等条件下与他人的价值比较有着密切关系。当“自我认知”低于“真实的自我”，便产生了内部意义上的自卑心理；而当自我价值低于他人价值，便产生了外部意义上的自卑心理。且在多数时候，这两种心理交互作用着。人的自我认知是一个持续，稳定的过程（不然会发生人格紊乱），且与真实自我在社会中所处的位置及个人的情绪特征有关（敏感、悲观性格的人更容易自卑）。要想彻底改变面试过程中的自卑心理，是一件系统的实践的工程。

克服自卑心理，要不断强化自我认知。在求职应聘前，大学生有一个阶段的自我认知过程。当面对面试时，尤其是面对其他强有力的竞争者时，大学生应结合面试的总体情况，继续进行自我认知。这时候可以采取自我暗示法，把自己认为最辉煌、最值得骄傲的经历写成清单，在准备面试的时候不断进行默诵。例如，在某次比赛中获取过第一名；在某些时候得到过他人的大力赞许。这样会大大提高自我面试信心。

端正对面试官的认知。有时，自卑心理源于自我与面试官的比较。面试官优秀的背景与履历，面试官对面试结果的权威决定权，都会直接地对大学生应聘者产生一种压力，容易使大学生产生自卑心理。我们要做的就是，不要被这种唬人的表象所震慑。我们可以通过心理的想象剥落面试官的光环：在每个面试官表象背后，是一个个与我们一样，也有着缺点与怯懦心理的人。通过主观的想象，强势的面试官都退化成与你平等的，活生生的人，那自卑心态就会慢慢被消除。

二、要自信不要自负的心态

（一）塑造积极的自信心态

自信是大学生对自己充分肯定时的心理态度，是战胜困难取得成功的积极力量。自信是相信自己有能力实现目标的心理倾向，是推动人们进行活动的一种强大动力，也是人们完成活动的有力保证，它是一种健康的心理状态。

求职面试是目的性极强的活动，是否自信影响着大学生对于应聘机会的争取。现实生活中，有许多大学生思路敏锐、能力较强，但面对面试官时由于自信不够，过分谦虚，没有全面向用人单位展示自己的能力和才华，错失了应聘机会。有的大学生认为，在面试时最好是问什么答什么，主动表达自己的见解，容易让面试官觉得个人夸夸其谈，没有真实才华。这是不够自信的表现。然而在现实的面试过程中，往往是类似的表现留给面试官负面形象，影响大学生应聘成功几率。

为了赢得面试的成功，我们要塑造自信。首先要时刻鼓励自己、相信自己，要在实际行动中逐步磨炼自己。一个人的自信心并非与生俱来，而是在不断战胜困难中逐步培养起来的。善于在不断的求职失败中去反思和总结，针对性地去弥补不足，可以增加自信的筹码。其次，要随时保持自省心态，及时修正求职面试过程中的失误。人无完人，求职面试不可能完全展示自己的所有优点，相对于面试官的丰富社会经验，大学生的单纯性显而易见，大学生的社会经验短板必然能反映为求职面试过程中的失误。对任何事情总是保持自省心态，就能及时发现自我的缺点，这样不断完善自我以及修正求职面试的策略，也才能真正提高求职应聘的成功概率。

（二）避免自负心态

准备面试时，没有自信就很难勇于表现自我。但不能过度自信，过度自信就成了自负。形成自负时，就容易引发面试官的反感。

自信是一种理性。自信是主观符合客观，它尊重事实和证据，它能够区分正确和错误。“自信”相信自己在某件事情上是正确的，同时承认这是“可错”的，即在一定条件下该“正确”是“可证伪”的。当“自信”的对象被证伪后，它能够纠正自己的信念，用新的“自信”代替旧的“自信”。而自负完全是一种主观判断。“自负”是主观的，它不接受事实的检验，因此它无法区分正确和错误。“自负”以不变应万变，它是“不可证伪”的。当“自负”的对象被事实证伪后，它不是纠正自己，而是通过“解释”的方法来维护自己，以“确保”自己永远“正确”。

我们可以把自信看作是一个连续的值，它有适度和过度的区别。自信与自负仅一步之遥，所以必须在态度上保持一定程度的谦卑，以防止自信变成自负。首先要全面的认识自我，既要看到自己的优点和长处，又要看到自己的缺点和不足，不可一叶障目，不见泰山，抓住一点不放，未免失之偏颇。认识自我不能孤立地去评价，应该放在社会中去考察，每个人生活在世上都有自己的独到之处，都有他人所不及的地方，同时又有不如人的地方。其次要避免自视过高。要认识到能够进入面试的人都是比较优秀的大学生，与其他应聘的大学生相比较，不能总拿自己的长处去比别人的不足，要学会客观分析。如果只认为自己非常了不起，别人都不行，那在面试过程中就容易表现出自己好像什么都明白，什么都清楚的现象，就容易犯抬高自己贬低别人的毛病，结果是很容易引发面试官的反感。

（三）要勇敢不要恐惧的心态

勇敢与恐惧是相反的两种状态，从某种意义上说，克服了恐惧就成就了勇敢。所谓勇敢，就是敢作敢为，就是将自信表现在行动中的一种胆识。勇敢就是有勇气面对困难，敢于挑战这些困难。因为每个人都或多或少存在一些自己惧怕的事物，并不是程度不同而有区别，而是态度如何。真的勇敢是一种态度，对待求职面试敢去面对的态度。面试关乎一次应聘结果的成败，它是陌生人之间的程序化互动，只有勇敢地去参与面试，我们才能积累经验，并争取工作的机会。在面试前的心理准备上，我们不可能有长时间去锻炼勇敢心态，因此面试前的勇敢心态，更多表现为克服对面试的恐惧心理。

所谓恐惧心理，是在真实或想象的情境中，个人或群体深刻感受到的一种强烈而压抑的情感状态。其表现为：神经高度紧张，内心充满害怕，注意力无法集中，脑子里一片空白，不能正确判断或控制自己的举止，变得容易冲动。部分大学生之所以出现恐惧面试的心理，一般是两种情况：一是大学期间，人际交往能力锻炼培养不够，担心与面试官互动时，不能完全展现自己的优点，从而争取工作机会；二是对面试失败结果的担忧。

针对人际交往能力的不足，大学生可以在面试前，求助于老师和同学，反复进行模拟面试。美国斯坦福大学神经科学家戈尔丁认为，消除恐惧感最有效的方法就是反复面对自己害怕的东西。这是一种行为疗法，能逐步降低恐惧感。比如，害怕在大庭广众面前讲话，可先在同事、朋友面前说话，慢慢鼓起勇气面对更多人。

针对担忧面试失败的心理，需要大学生对面试失败结果有正确的解读。求职面试失败的原因有很多，自我的表现仅仅是一个方面。面试的结果除了受应聘者一方的影响外，还有其他两个方面重要因素：一是面试官对待面试的心理，尽管面试官都经过了一定的培训，第一印象效应（人与人第一次交往中给人留下的印象，在对方的头脑中形成并占据着主导地位，这种效应即为第一印象效应。）对他们心理的影响很小了，但很多情况下这种心理作用也会让面试官把一些他们认为形象、素质不佳的大学生拒之门外；二是面试官所形成的招聘模式化心理。一个比较有经验的面试官，在决定录用某人后，往往会继续观察自己招聘来的人在企业未来的发展。目的是检验自己面试的效果。久而久之，面试官们在心里就会形成某一岗位人才录用的标准模式。在招聘的时候，面试官会运用这一标准对应聘者进行考察，可能应聘者某一方面的特质不符合标准时，大学生面试就会失败。

第二节　面试过程中的双方心态辨析

沟通是人们社会交往的基本过程。一般意义上的沟通是指人们以语言或大众传媒实现的社会行为交互，即人们在互动过程中将一定的信息传递给对方的过程。而求职面试则是比较特殊的沟通，它是大学生与用人单位以及代表用人单位进行招聘的面试官的互动过程。这一过程中，由于双方的地位、追求的目标以及掌握的信息不同，双方的人际沟通对双方的心理影响各不相同。剖析这一过程，分析应聘者和招聘者的心理有利于促进大学生求职应聘的成功。

一、应聘者心理解读

这里的应聘者心理，重点探讨的是大学生在每一次具体面试过程中，所具有共性的心理状态。

（一）期待与担忧

接到面试通知开始，大学生一般会有这样的心理状态，即期待与担忧。所谓期待，就是盼望着早一天面试，能够尽快知晓应聘的结果。担忧与本章第一节中所论述的恐惧相似，但有本质不同。恐惧是害怕面试这件事，而担忧只是担心自己在面试过程中表现不好，属于个人对关系到自己重要事情的一种应有心理，属于正常状况。

心理学认为一个人的心理状态对个人行为具有很大影响。如果一个人的心态阳光，那么他总会看到事情积极的一方面，即使看到最糟糕的事情，他也能找到事情会向好的方向发展的条件；如果一个人的心里总是阴暗的，那么他看事情总会看到悲观的一面，结果也会如他内心所“期待”的，向着预期不好的方向发展。所以，期待面试时，每个大学生都应该内心充满阳光，永远怀着积极的心态准备面试。

担忧面试过程中自己的表现，这是任何一个想要成功应聘的大学生都会有的心理。一定程度上的担忧，会激发大学生努力准备面试的积极性。问题的另一面是，如果不积极努力，那担忧的事情或许会转化为现实。所以，不用过分在意担忧这种心理状态的负面作用，但要行动起来，千方百计做好面试的技术性准备。不同行业、不同用人单位的面试内容千变万化，但面试总有其共通的地方，可以通过阅读各种就业指导类书籍对面试技巧的讲解，来做好面试的准备。

（二）急切与羞怯

通过面试，展示自我的能力和素质，以达到应聘成功的目的，这是面试对于大学生求职的基本意涵。所以在面试过程中，为了应聘成功，特别想给面试官留下好印象，为此急切地表现自我成为许多大学生不自觉的选择。这种急切表现自我的心理，容易引发的后果就是：表现自我时忽视面试要求的针对性，在面试中千方百计呈现自我的各个方面都很优秀，但结果却是重点不突出、自身特点不突出，在与其他大学生的比较竞争中反而不能足够引起用人单位的兴趣。

在急切表现自我的心理作用之下，与面试官的接触中，就会容易引发羞怯心理。当然不能否认，羞怯心理与个体的心理素质有很大关系。但从心理学角度解析，一个平时在陌生人面前说话表达不会羞怯的人，到了面试之时面对面试官会紧张羞怯，主要原因还是急于表现自我的心理。大学生特别急切地想应聘成功，有求于面试官的时候，心态上自然处于劣势，在表达时就容易紧张，这种紧张的外在表现就是羞怯。而行为表现是在面试现场面红耳赤，回答问题语气紧张，说话声音不够响亮，有时说话结结巴巴，很难完整表达自我思想。要调整这种心态，除了平时的心理素质锻炼外，在即将进行面试时，大学生可以不断用言语进行自我心理暗示，比如反复默念“欲速则不达”，达到平复急切心理的目的。

（三）接收与争论

大学生在和面试官互动过程中，总会接收一些信息。现实情况中，有部分大学生在和面试官交流中，更多关注自己感兴趣的信息，对于其他信息接收时容易丢失。因此，与面试官交谈，要把握交谈的重点，也要注意信息接收的全面性。信息是否全面，影响着大学生在具体应聘过程中的行动方向。这需要大学生保持一种虚心的接受心理，才能完全接收到对方的全部信息内容。

面试过程中，面对面试官所问问题，大多数大学生一般会即时做出反应。部分大学生，由于在学校习惯于和周围同学讨论，和别人争论不同意见时求胜心理比较强。这就是需要注意的问题。心理学认为争论一旦发起，休想说服彼此。在争论过程中，没有人希望承认自己有错，因为争论已经成了一较高低，变成了对自我尊严的维护。作为面试官，本身就有心理优势，如果一旦大学生与其当场争论，那结果很可能就是应聘失败。因此，面对面试官的意见，要虚心接受，面试结束后认真思考，如有机会可以和面试官私下沟通。

二、招聘者心理解读

面试官代表用人单位与大学生进行沟通交流。从招聘者心理看，面对应接不暇的应聘者，虽然是按照用人单位对大学生的要求进行面试，但面试官的自身心理还是会对面试过程和面试结果产生一定的影响。

居高临下的心理。人职匹配是许多用人单位的基本要求。面试官面对大学生，首先考虑的是个体能否胜任应聘的岗位。这种要求反映在应聘上就是对大学生专业技能的考察。因此，面试官面对大学生居高临下的心理就会呈现。面试官或者跟大学生聊专业技能问题，或者有的干脆用一种考试来进行考察。不管哪种形式，面试官作为本行业的熟识者，面对实践经验欠缺的大学生，具有极大的心理优势。这种心理优势，表现在与大学生的交流沟通上，所讨论或所询问的问题有时候会比较刁钻或尖刻。

品德评判心理。任何用人单位都希望自己的员工能够忠诚，在面试起始，面试官就会询问大学生对未来的憧憬和规划，并对大学生个人品德进行简单评价。这种评价不完全针对大学生个体的品德，它考察的是大学生进入本单位后，是否能长期可靠地为本单位服务。此外，任何工作岗位都不是孤立存在的，它都会与其他工作岗位相关联，大学生的个体品德会影响相关工作岗位职能的协调。招聘者心理上的期望，就是希望招到的大学生能够具备良好的品德能力，既能胜任本岗位工作，也能够处理不同工作岗位之间的关系。

追求效率心理。任何用人单位的人力资源部门，都不会只有招聘员工一项任务。面对诸多的应聘者，面试官不会因此随意更改工作计划，必然有着追求工作效率的心理。基于此考虑和追求，招聘者会要求大学生在最短时间内，向面试官展示自我如何适应即将应聘的岗位。这要求大学生应聘者，应集中时间、抓住重点展示自我，避免因什么都想表现而失去方向。

比较心理。任何用人单位都不会只在一个高校招聘，在一次招聘中也不会只招聘一个人。同时，应聘某一用人单位的大学生，肯定不止一人。

面试官必然在此过程中，会对不同的大学生应聘者进行比较。这种比较心理，是一种自然过程。因此，大学生进行应聘，引起面试官的注意，为应聘成功奠定基础，就需要在简历制作、交流沟通上下足功夫，突出自我的鲜明特点，这样才能给对方留下深刻印象。

个性吸引心理。大学生个性特点如何，给面试官会留下什么样的印象，直接决定着大学生的应聘机会的获得。每一个具体的招聘者都是一个个鲜活的个人，作为用人单位从事人力资源管理的人员，多数情况下可以说阅人无数。对于大学生，面试官可以很快地对其有个大概的判断。招聘者作为普通个人，肯定会对个性鲜明的大学生印象深刻。

三、面试过程中的心理调适

求职面试过程中，大学生与面试官互动交往，必然伴随着心理状态的起伏变化，为了促进面试的顺利进行，大学生要始终保持如下心理状态：

（一）尊重面试官的心理

人际交往中的尊重，代表着对交往对象所有一切的一种欣赏。用人单位一方本来就在就业市场上占据主导地位，对对方的尊重是面试开始必须要注意的。

大学生在见到面试官的时候，应该主动地和面试官打招呼，问候对方。在回答面试官所有的问题时大学生要沉着冷静，不卑不亢。大学生不要因为对方是决定自己命运的一个关键人物，就在回答问题时故意讨好、巴结面试官。这种假惺惺的回答既会让面试官感到大学生是个虚伪的人，又讨不到面试官的喜欢。

要虚心听取面试官意见。面试官一般会给正在面试的大学生一些意见。正如世界上没有相同的两片树叶一样，同样也不会有想法完全相同的人。个人都会自觉不自觉地表达自己的想法，当你听到面试官的意见时，应该秉持虚心的态度去了解。这就是对对方发自内心的一种尊重。

要尊重面试官和用人单位的隐私，不随意打听对方的商业秘密。许多大学生以为真诚就是亲密无间，所以在求职面试时总是不自觉的关心招聘方的一切，打听对方的所有事情。以为用人单位不告诉自己一些事情，就是别有用心。其实恰恰相反，任何招聘方包括招聘者都会有自己的秘密。

此外，千万要避免的误区是，面试中的喧宾夺主行为，一些大学生往往经过了数次的面试以后，基本上了解了面试官在面试中会提一些什么样的问题，一旦有开口的机会，就滔滔不绝起来，从自己的个人情况说到学习经历，再说到个人脾性等。这样的大学生是不会让面试官喜欢的，我们把面试官要问的问题都说完了，对面试官的权威也是一种损害。有时候面试官看一些大学生特别能说会道，干脆就会问一些非常刻薄和离奇的问题，反而影响了大学生的应聘结果。

（二）真诚表达的心理

良好的人际关系，一定是心与心的互动、沟通的结果，是真诚对待交往对象的结果。面试虽然是一种特殊的沟通，但真诚表达自我依然有效。社会心理学认为，态度可以通过沟通来改变，反过来态度的改变也会影响到人的行为。真诚的表达态度，可以敲开别人心灵之门，因为真诚可以带给对方安全感，促使对方放下所谓的“面具”。如果在面试中，大学生能够恰当的真诚表达自我，那自我的真诚就会感染到面试官，进而可以为自己应聘成功奠定基础。

需要注意的是真诚表达自我，要避免如下误区：一是真诚表达要适度。作为应聘者，我们的真诚态度应该表现在为了取得应聘成功的目标范围内，而不能为了表达真诚盲目扩大真诚的范围。真诚表达时固然要如实的说明自身情况，但要注意保留自我空间，合理的规避自我缺点也是必要的。求职面试应展示自我，但不能失去自我，不能事无巨细地展示自己的所有特点。如果把自己的所有优缺点都传达给对方，也可能会导致最终应聘失败。这是因为求职面试是一种正式的沟通交流，交往内容围绕招聘与应聘进行。其次，要避免把真诚表达变成自我发泄。真诚表达的范围要与面试官所提问题的边界相一致。面试沟通中，大学生会有机会发表对相关问题的看法，对于某些问题大学生可能会在自己的生活阅历中有着某些负面体验，在叙述自我观点时，很容易表达不满情绪。我们要特别注意，面试官的目的是在考察我们的综合能力，而不是来听我们发泄不满情绪的，这时千万不能将自己对某些问题的不满情绪传达给面试官，否则就会导致面试失败。

第二节 面试后的心理调整

一次求职面试结束，大学生可能会如释重负。面试的结果，固然重要，但对面试不能止于结果的获得，而是要积极思考，争取将面试的正面影响转变成为促进自我心理成长的一次机会。面试结束后的心理调整，主要有两个方面：一是对面试过程中的自我表现进行总结；二是得知面试结果后的心理调整。

一、对面试过程的心理总结

奥地利著名心理学家弗洛伊德曾说：“我们知道，人的禀赋各异，承受应付文化要求的能力，各有其不同的限度。苛求于已超过其本性所能承担，则将为心理所苦。”在面试结束之后，大学生都会注意对面试进行总结，一个大学生可能会有一个满意的面试过程，但一定不会有感觉完美无缺的面试过程。如果一个大学生对面试中的缺点，甚至是失误耿耿于怀，又或者是觉得自己在面试中表现相当优秀而忽视了改进的机会，那对他的下一次面试都会有不利影响。因此，面试结束从一定意义上，应该成为大学生进步的一种开始。

（一）悦纳自我在面试中的表现

面试一结束，意味着这次面试已经成为过去时，一味纠结于该过程中的失误、缺点，造成自我的情绪波动得不偿失。一次面试并不代表一个人的完全成功或完全失败，我们要悦纳自我在面试中的表现，因为这就是一个人当下的能力与素质的展现。面试中可能存在的那些稍微加以注意就能避免的技巧性失误，下一次吸取教训就行了，没有必要为此纠缠不清。对此，大学生对面试过程一定要摒弃追求完美的心理。对自我要求较高没错，但要有自知之明。任何人都不可能毫无缺点，大学生对自己在面试中的表现，不能求全责备。

对自己在面试中的失误和缺点，要做出恰当评价，既要明白自己的能力所在，接受自我的不完美，体验自我存在的价值；也要了解自己在面试中的缺点，弄清哪些是可以避免的，哪些是不可以避免的，坦然地承认自己的不足之处。而后不断克服缺点，注意自我形象塑造，把握下次面试的机会，从而走向成功。

（二）树立积极谋求改变的心理

面试结束后，在总结完成后，针对自我的不足，需要树立积极改变的心理。首先要从面试技巧的角度，去回忆一下整个面试过程中：自己的外表形象是否令面试官感到愉快；是否全神贯注地倾听了对方的讲话；言谈举止是否得体，是否注意礼貌；自己是否表现得沉着、自信、充满活力、轻松自如；对面试官提问的反应是否恰当、准确、灵活；是否恰当地表达了自己的愿望和热情；对自己工作能力的申述是否充分、有条理、有例证；你计划要了解的情况是否都了解到了等，这些细节中自己的行为表现是否需要改进、是否值得推敲；其次是考察面试过程中，专业技能考核方面，是否出现了如下情况：自己遇到一些较复杂的专业问题时，由于面试时的紧张或者由于专业知识不够扎实，导致没有正常回答问题。如果有此情况，要正确总结原因。有一些大学生认为面试过程中的专业技能考核仅仅是偶然因素，面试结束后，只要把这个问题解决了，就万事大吉了，这是错误的心理状态。任何一个专业问题，都代表着一个成系统成体系的知识模块，一个问题得到答案，不代表你对问题的背景性知识都掌握了，如果只是点对点的解决问题，那下次碰到相关问题，我们还可能回答得不够完整准确。因此，面试结束后，从心理上一定要有举一反三，查漏补缺系统性学习的思维，以免下次面试再遇到此类问题。此外，参加任何一个用人单位的面试，面试官都会多少向大学生展示展现本单位的企业文化，对此要注意观察，好的地方要用心体会，下次到另一家用人单位面试时，可以进行对比，为自己再下一次面试提供经验。

二、应对面试结果的心理调适

对于特定的大学生个体来说，面试结果只有两种，即成功或者失败。与此相关的心理调适，也与这两方面有关。只要能够参加面试，大学生肯定会对面试成功有着较高的期待，成功后的喜悦和失败后的沮丧都是可以预期的。

（一）面试成功的心理调整

面试成功标志着就业的第一步的成功，对于个体来说无疑具有决定性意义，它让自我达到了预想的择业目标。为此，内心感到喜悦和高兴，都属于正常状态。

大学生面试成功的时间节点，往往是在校园中的最后一个阶段，面试前许多大学生都会铆足劲努力去准备，一旦成功，紧张状态很容易转为亢奋性的喜悦状态。需要注意的是，任何情绪都需要适度。面试成功后，如果一直处于亢奋状态，不懂得冷静，那可能导致的结果就是对面试过程的总结不那么客观，很容易失去一次自我完善的机会。再有，这种状态很容易导致进取心的减弱，也容易让大学生放弃在校园最后一个阶段的学习。

面试成功，人很容易跟其他人分享自己的快乐感觉。此时，如果自觉不自觉地把分享范围扩大到父母、亲戚、朋友以外的其他人，尤其是分享给正在为择业焦虑的同学时，得到的反馈，有时不会是祝愿，可能还会是恶语相向。因此，分享快乐的范围、分享快乐的方式一定要把握好，不能因为自己的快乐而去刺激其他同学。

（二）面试失败后的心理调整

面试失败，属于一种挫折。失败带给大学生的心理影响，因不同大学生的心理素质而各有不同。这里主要分析心理脆弱的大学生容易出现的心理状态，并提出解决思路。

1. 改变还是坚持

大学生在求职应聘前，多数在内心深处对于未来职业有着薪酬、发展前景等方面的基本标准。当遇到求职面试失败的时候，是应该改变原来的标准还是坚定自我的信念，是一个问题。这个问题无论从现实选择看，还是从心理选择看，都没有绝对的标准。如果非要说评判标准的话，那就得基于每一个大学生的自身情况来评判。不同学校、不同专业的大学生群体特征以及每一个个体的不同特点，都会影响着改变还是坚持的选择。从心理学角度说，笔者主张把握趋势，顺势而为。

如果一个大学生从面试总结中，认识到自我相对于某一岗位甚至某一行业的不足，重新评价自我，对就业选择由此有了新的思考，不妨对自己的择业标准进行务实的调整；相反，如果大学生通过对面试的总结，得到的结论认为这是用人单位的要求与自我的能力不相匹配，自己能力可能不适应这家用人单位，下一次的应聘还有机会，不妨就坚持自我的信念。

总之，面对面试的失败结果，不能钻牛角尖。为了避免盲目的改变或盲目的坚持，可以适当等过一段时间再重新思考努力的方向。

2. 抗击挫折

大部分大学生对于面试失败的挫折有一定的预期，因此在心态上也能接受面试失败的结果。当然，也会有例外。有时候，如果一个大学生特别渴望某一次面试的成功，那当他接到面试失败结果时，心理所感受的挫败感就会很深刻。人们面临挫折时所采取的适应机制包括两个方面：一是心理防卫机制，另一个是心理调节机制。

心理防卫机制是人在面对挫折时自发产生的反应，能帮助人们暂时缓解消极情绪。心理防卫机制并不改变原先的事实，只是简单地改变人们对事实的看法和观点，但认识的不同会使事件沿着不同的轨迹继续发展而得到不同的结果。过分使用此机制的大学生，面对面试失败的结果，对挫折不能承受，往往会怨声载道，把失败原因归因于运气、用人单位招聘要求不合理等外在因素。对此，大学生要认识面试从来都是双向选择的结果。如果把面试失败的原因，完全归结到用人单位方面，那我们下一次面试还可能犯同样错误。因此，要掌握心理学中的归因理论，对面试失败合理归因。

心理调节机制则是人们采取直接的、理智的、切实有效的行动或方法，改善和解决所面临的挫折情境，并设法战胜挫折，是积极意义上的适应。这种心理调节机制表现为直面挫折。面对面试失败的结果，直面挫折的大学生会重新自我评估，增强知识储备，提高自身能力，进而消除暴躁情绪和自满心理，争取在接受下一次面试时能够一举成功。此时，挫折对他的求职起着巨大的推动作用，而拥有这种潜质的人势必也会找到适合自己的发展道路。

第七章　择业的不良心态及应对

面对择业，不同的个体大学生会有不同的心理状态。他们中的大部分人积极奋进，勇往直前。但有少数大学生在特定时候，面对压力时，也会呈现不良心态，他们或焦虑烦躁，忧心忡忡；或习惯老师和家长的帮助，喜欢依赖于家长和教师的推动；或嫉妒他人的求职成功，比照他人标准寻找工作；或在就业压力之下，出现逆反心理。这些不良心态，有可能促使大学生出现一些不良行为和生理反应。为了促进择业的顺利进行，为了大学生的心理健康，需要对择业的不良心态进行管控。

第一节　焦虑心理及应对

就业形势严峻，会使大学生一定程度上担心择业的结果，这属于正常心理反应。但对于部分心理素质不好的大学生，过度担忧就容易引发焦虑心态。这种不良心态，影响着大学生对于择业具体步骤的理想判断，程度严重的话会形成心理障碍。

一、焦虑心理及表现

（一）焦虑心理

焦虑是指一种缺乏明显客观原因的内心不安或无根据的恐惧，是人们遇到某些事情如挑战、困难或危险时出现的一种正常的情绪反应。就业形势是整体社会经济发展的反映，面对激烈的就业竞争，大学生难免会有一种对未来的失控感。这种失控感容易引发焦虑。比如，在现实生活中，确实有一部分大学生一谈起毕业和找工作就心烦意乱，甚至害怕参加招聘会；想到要去面试就失眠。当看到别的同学找到了工作，自己就深感焦虑。尤其是看到平时成绩比自己低了一大截的同学都找到工作了，心里的烦躁就更难言说，觉得自己怎么突然掌控不了自己的命运了。此外，一些具有高度责任感的大学生总会担心：“我会不会毕业即失业？”这种想法同样容易引发焦虑心理。

（二）焦虑心理的表现

一个大学生面对焦虑心理，通常会有两种反应：一种反应是既然择业不在我们的完全掌控范围之内，就业市场如此不景气，不如选择延迟面对，比如消极等待、继续考学等；一种反应是积极准备着去战斗去努力，但需要得到家长和老师的积极鼓励。当然，还有另外一种可能反应，就是焦虑过度，形成心理障碍，甚至出现心理问题。

这种焦虑心理反映到择业行为上，就是有一些大学生在就业时显得过于急躁，整个就业期情绪始终处于亢奋状态，常常心急如焚、四面出击、东奔西跑，希望尽快找到合适的工作，但又缺乏对就业形势的冷静观察以及对自我求职的理性思考，做了许多吃力不讨好的事。因此常常都有一些大学生在并不完全了解用人单位的情况下就匆匆签约，一旦发现实际情况与自己想象的不一样或发现了更好的工作时，又追悔莫及，甚至毁约，给自己带来许多不必要的麻烦与心理困扰。

【案例故事】济南某高校大四学生蓉蓉是个漂亮的女孩，是校学生会副主席、学校广播站的播音员。2007年12月，学业优秀的蓉蓉受到打击，她得知心仪的博物馆招人，却不要女生”。蓉蓉苦苦哀求，“至少收下简历吧”，但招聘人员称，“我们现在不招女生，哪怕你再优秀。”之前她并不悲观，作为济南本地生源，找份工作应该没有问题。单单是她那一沓厚厚的奖学金证书和做学生干部的优越经历，都能使她迅速脱颖而出。但她突然发现，自己并不像大家所说的那么有优势，很多时候，甚至根本轮不到自己充分表达就被招聘单位礼貌地打发走了。

为了得到一份不太坏的工作，她甚至专门挑一些冷门单位应聘，如与所学的历史专业相关的研究院、博物馆之类，“对此感兴趣的人很少，薪水也不高，竞争应该不激烈”。但出乎意料的是，投了几个月的简历，她一次次被拒绝。类似的遭遇一次次上演，让她自信心大大受挫。

当初有同学认为，凭着优良的学习成绩，不错的外在形象以及做过学生会主席的经历，蓉蓉肯定是最早签约的一个，但现实是，整整半年，面试52次，参加25场招聘会，简历递出不计其数，结局还是空手而归。这一切都让自尊心极强的蓉蓉备受打击，本来很外向的她变得沉默寡言了，和同学们的交往越来越少。蓉蓉在就业的压力下患上了精神分裂症，三次试图自杀，目前正在济南市精神卫生中心接受治疗。因“求职未果”而试图自杀的现象虽属个例，但大学生“就业焦虑”不容忽视。（摘自搜狐网）

【案例启示】大学生在就业过程中产生一些焦虑、抑郁的情绪是正常的，轻度的焦虑有一定的积极作用，可以激发潜能，使自己产生紧迫感，从而更努力地寻找就业机会。可是一旦焦虑过度，上升到“焦虑症”就应该及时给予关注和心理干预，以免病情加重，导致过度失望带来郁闷和焦虑，产生过激行为。大学生作为就业的主体，要主动向就业指导老师或心理咨询老师求助，避免焦虑心理带给自我的负面影响。

二、焦虑的应对

正如《黑天鹅——如何应对不可预知的未来》一书作者纳西姆·尼古拉斯·塔勒布所言——“我们很容易忘记我们活着本身就是极大的运气、一个可能性微小的事件、一个极大的偶然。”其实，择业也是如此，当焦虑控制我们的情绪时，我们很容易忘记，择业除了自身努力，不可控制的因素很多，择业结果也是运气和其他因素综合作用的结果。过度焦虑就会阻碍大学生的择业，大学生应该学会有效应对就业焦虑，“化焦虑为动力”，从而更努力地寻找就业机会。

尽管焦虑的情绪是相似的，但对于每个具体大学生来说，引起焦虑情绪的原因都是不同的。摆脱焦虑首先要具体分析这些情绪由什么引起，自己担心的到底是什么。情绪如同面纱，会给人一种生活基调，而这层面纱经常被不自觉夸大了。比如，就业难、竞争激烈，是否就难到无法就业？“找工作”到底是在找什么——在找“一份工作”，还是在找面子与尊严，或在找苦读十几年的回报？当明确自己担心的是什么，一个人会很容易发现自己解决问题的资源。弄清问题根源所在，就会缓解焦虑心理。如果大学生都清楚找工作其实是在找“我的工作”，想做些“可以发挥自己能力的事情”，在找“可以让自己有一些自信的事情”，而不仅仅是找面子与尊严。那么，我们眼中的就业市场突然会变得很大很大。比如做兼职、与同学合伙创业、从企业基层的管理培训生开始做起等，其实都可以找到“发挥自己能力”的空间。

【案例故事】林清毕业时找所有认识的老师咨询，想明确自己做什么样的工作“最好”。最后在与一位心理咨询老师交流之后，林清终于明白，其实他是想让别人印证他需要一份挣钱多的工作。

心理老师问他期望有许多钱用来做什么，林清这时才开始现实地思考。他列出“每月还助学贷款”“每月给家里生活费”“自己要租房”……最后算出的每月支出总数是3500元。老师问，你现在研究生毕业，获得一个挣这些钱的工作有压力吗？林清突然发现，自己以前身上一直背着一块并不存在的巨石。（摘自中国青年报，2008年12月29日）

【案例启示】每个人都是有力量的，只是因为人们经常不知道自己要突破的是什么，而失去了行动的机会。世界上任何事情的结果，不是成功就是失败。当把问题定义清楚后，我们就可能发现“那个问题”并没有那么难。本案例中，林清的焦虑情绪看似是做什么样的工作最好，经过多次追问与澄清，他所真正焦虑的是别人对他工作收入的评价，当弄清焦虑真正的核心问题时，通过对问题的评估与解析，焦虑也就可以顺利的解决了。

第二节 消极等待心理及应对

面对择业的压力，部分大学生不是积极向上地去努力，而是在心理防御机制背景下，认为可以等待到好的用人单位，形成了明显的消极等待心理。

一、消极等待心理

有部分大学生，面对就业，从来不是主动去寻求应聘的机会，而是总是期望能碰到好运气，一直被动等待“好单位”，期望能有好单位向自己伸出橄榄枝，这就是典型的消极等待心理，主要有三种表现：

一是有些大学生自恃条件很好，认为自己“满腹经纶”“博古通今”“学富五车”，可以大有作为，抱着“你不要我是你的损失”的态度，期待着有单位会主动邀请。他们平时也不参加各类招聘会，一般不会离开学校主动寻找应聘机会，而是在学校中等待，当有单位来了就看看，如果不满意就等下去，满意时也不主动争取，他们常常要么碰壁要么找到的工作不满意，于是抱怨“世上无伯乐”，抱怨自己运气不好，成天闷闷不乐、怨天尤人。

二是当择业遇到困难时不是积极去想办法解决，而是消极等待事情自动向好的方向发展。生活中难免有成功也有失败，而大学毕业生由于一直囿于校园，生活经历比较简单，大都没有经受过挫折的考验，所以心理承受能力和自我调节能力相对较差，情绪波动较大，情感较为脆弱，缺乏对待挫折的准备。在择业过程中，一些大学生往往希望一蹴而就，能够顺利就业，害怕失败。一旦择业遇到困难或问题，往往会有苦闷失落、悲观失望、自惭形秽等复杂的情绪体验，对自己、对未来失去信心，进而不思进取、消极等待，又或怨天尤人、顾影自怜，悲观消极。

三是不愿意很快进行选择，总是害怕承担选择后的责任。部分大学生从小到大，习惯了家长老师的安排，当需要独立自主完成求职应聘的各环节时，尤其是面对择业方向选择时，总是担心失败。或者患得患失害怕因为某一选择，而丧失其他选择机会。所以择业过程中，干脆拖延选择时间，以此来减轻内心的焦虑感。

二、积极心态的培养

择业的方向是由“态度”来决定的，消极等待对于择业极为不利。相反，积极的人生态度是择业成功的催化剂，即使遭遇困难，也可以获得帮助，事事顺心。消极的择业态度也并非先天的遗传，并非不能改变，完全可以设法加以纠正。

（一）转变认识事物的心态

凡事都有两面性，心态是快乐面对人生的关键。同样的事情，用不同的心态解读会有不同的结果。

【案例故事】过去有个老太太，有两个儿子，大儿子卖伞，二儿子卖盐。天晴了适合二儿子晒盐，下雨了有利于大儿子卖伞。老太太每天就看天，天晴了她担心大儿子卖不掉伞，下雨了担心二儿子晒不成盐，居然抑郁成疾了。

儿子们带老太太去庙里找高僧求治，老和尚就跟老太太说："你反过来想想，你看见天晴了，你就想你二儿子可以安心晒盐了；下雨的时候，你就想你大儿子能卖很多的伞挣钱了，这样你不是就没烦恼了吗？"老太太改变了思维方式，天天乐呵呵的，病也好了。

【案例启示】在这个案例中，我们会发现，事情本身什么都没有改变，只是换了一个角度，换了一种思维，快乐与否在一念之间，结果却大相径庭。生活中，很多时候，不是事情本身有多令人烦恼。有时候面对事情时，是自己想不开，自寻烦恼而已。道理虽明白，有时候却不一定做得到。当然，作为一种努力的方向，这个故事告诉我们，应该学会宽容、大度、洒脱，这样面对求职中的问题时就不会因一时的挫折而焦虑。

本案例还告诉我们，人总是站在自己的立场上，用自己的眼睛看问题、用自己的脑子思考问题，这种情况下，所见、所闻、所思，肯定会与他人有不同的结论，但这样的结论也往往由于自身认知的局限性，很容易陷入偏颇。因此，当我们遇到求职挫折，学会换个角度思考问题，那心态就会不一样。

（二）要与思想积极的人交往

人往往在不知不觉中受到别人的影响，在求职应聘过程中遇到问题，要合理选择倾诉的对象。最好远离个性温吞的人，使自己常处在积极的气氛中，最应该交的朋友是有干劲、态度乐观、爽朗、处事练达的人。

在求职过程中，我们会遇到这样的情况。比如当我们鼓足信心，要做某个决定和计划时，周围有时会有人来向自己泼冷水，说什么的都会有：“你和某某比怎么样？他都不行，何况你呢。”“这种事说起来容易做起来难，你还是不要去试了。”说这些话的人，其中不乏是过来人，有的或许是自身真正的体验之言。对于这些意见，我们要加以批判，应该多多提防这些说法的负面影响。并主动与那些经过艰苦卓绝的奋斗而走向辉煌的成功人士交流，向他们学习奋斗进取的精神，以巩固我们不断求取成功的进取心。

（三）制定阶段性行动目标

不要给自己制定那些不切合实际的求职目标，目标过高或者目标不符合自身实际，那就业失败的几率就会很高。如果把就业看做一个工程浩大的计划，那么我们可以先将这个计划分割成若干个小的计划，然后再看具体的每一个小计划应该如何去执行、如何去实现，在每一个小计划完成的时候，要对于每一个求职行为的得失进行理性的思考，努力从失败中寻找自己的闪光点，以达到不断激励自我的目的。

第三节　依赖心理及应对

有的大学生习惯于依靠家长、老师安排自己的生活，自己对生活和就业没有任何主见，总是希望看到别人怎么做然后模仿，又或者是等待家长、老师给自己出主意，很容易形成依赖心理。

一、依赖心理

依赖心理是日常生活中较为常见的一种心理表现，其主要特征是在自立、自信、自主方面发展不成熟，过分地依赖他人，经常需要他人的帮助和指导，遇事往往犹豫不决，缺乏自信，很难单独进行自己的计划或做自己的事，总是依赖他人为自己作出决策或指出方向。

依赖心理主要包括两个方面：

一方面表现为依赖大多数人的从众心理。个体在群体压力下在知觉、判断、动作等方面做出与众人一致的行为，称为从众行为。而驱使个体采取从众行为的心理称之为从众心理。一些大学生缺乏独立的择业见解，不是从自己的实际情况作出切合实际的择业选择，而是人云亦云，总认为大家喜欢的职业一定就是好的职业，跟着大家走没有错，见别人都往大城市、大机关挤，自己也跟着凑热闹，所以听说哪个职业好，就一哄而上，根本不考虑自己的个性特点，有的人就这样错过了其他适合自己的职业机会。比如，在具体的应聘过程中，我们会经常听到如下话语："走，咱们一起去那个招聘会看一下，看看有没有合适的工作"，"组团"找工作成为了诸多大学生求职应聘的一种常见行为表现。这在一定程度上反映了大学生的从众心理。

另一方面是依赖他人帮助的心理，自己从来不主动的思考，从来不主动的去努力。在就业过程中，具有依赖心理的大学生总认为个人难以独立，时常祈求他人的帮助，处事优柔寡断，遇事希望父母或师长为自己做个决定。具体表现就是很少主动搜集应聘信息，总是盼望着辅导员老师或班主任有了消息后能够通知自己；把找工作的希望主要放在家人或亲戚身上，如果家人或亲戚不能帮自己直接谋取一份好工作，自我便会寄希望于家长的某种社会关系，并努力去寻找这种关系，而不是努力去准备就业所必需的知识与技能。还有一些大学生在求职择业问题上缺乏应有的分析和判断决策能力，对一个单位是否适合自己，往往不是凭自身思考来决断，而是靠听身边的同学或亲朋好友不太全面的判断来取舍。

二、克服依赖心理

随着身心的发展，大学生一方面比以前拥有了更多的自由度，另一方面却担负起比以前更多的责任。当面对择业如此重大的人生选择时，如果还是依赖别人，意味着放弃对自我的主宰，这样往往会错失好的就业机会。克服依赖心理，是部分大学生必须完成的任务。

首先，要充分认识到依赖心理的危害。择业关系到个人以后的发展，每一次择业机会来临时，大学生作为当事人需要很快地做出判断和抉择。如果过分地依赖他人，经常需要他人的帮助和指导，遇事往往犹豫不决，缺乏自信，总是依赖他人为自己做出决策或指出方向，这会大大影响决策的效率。更为重要的是，不管是父母的意见，还是其他师长的意见，都是自己人生经验的体现，并不一定适合大学生自我的实际情况；社会在快速发展，以往的人生经验，在遇到社会新现象时，未必能准确的发挥作用。此种背景下，如果依赖他人，可能会导致就业的失败，并给大学生带来更大的困扰。

其次，要对择业过程的困难有大致的判断。这本身就是一种独立思考的过程。这样，当我们在就业遇到困难或问题时，心理上就会有一定的准备，就不会急于寻求他人帮助，依赖心理自然也会减弱。就业现实情况告诉我们，不是每个大学生都能按照自我的理想找到自己满意的工作。所以，在就业中遇到困难，属于可预计的正常现象。对此有了一定的认知，依赖心理也会减轻。

第四节　攀比心理及应对

比较心理是普遍存在的心理。大学生群体中同样存在。比较心理，用在向上发展上，是积极心理。比较心理，用在名誉待遇上，往往会成为攀比心理。在求职中，同学之间“追高比低”的现象时有发生，这种比较心理运用不当容易形成攀比心理。

一、攀比心理

攀比心理是一种对现状的不满足，是一种超越自我客观价值的自我虚构。攀比是个体发现自身与参照个体发生偏差时产生负面情绪的心理过程。攀比的心理背景下，个体自身被尊重的需要被过分夸大，自我虚荣动机增强，程度严重的会导致比较严重的心理障碍和行为。攀比其实是对自己没有自信的一种表现，喜欢攀比的人总是想通过外在事物证明自己，就业过程中总是有意无意地与同学做比较，追求心理平衡，获得认同感。

应试教育模式下，许多大学生从小就通过与他人学习上的比较来获得家长和老师的认可，由此来维持自我的心理满足感。这种比较心理随着年龄增长并没有消失。待至就业时，他们仍习惯于通过与他人的比较来获得自我价值评价。这导致部分大学生即使面对就业这样具有明显个人印记的事情时，仍自觉不自觉地与其他同学相比较。在求职过程中，有部分大学生相互之间也会攀比，他们总会讨论谁先找到工作，谁签的单位好，谁的月薪高等。一些同学在求职中相互吹嘘自己的职业待遇好、收入高，导致职业期望越来越高，求职变成了自我炫耀。还有些同学看见或听说别人找到了条件优越、效益较好的单位心理上就不平衡，抱着“他能去，我更能去”的态度非要找一个条件更好的单位，而不考虑自身的条件、社会需要特点、职业发展及就业中的机遇因素。不自觉的攀比心理，让不少大学生因为还未找到工作而心急火燎，盲目投简历，反而导致了择业效率的降低，甚至浪费了大学生的时间和精力。

二、攀比心理的矫正

（一）正确与他人进行比较

通常情况下，比较本身没有从错，但如果把比较变成了攀比，那就容易产生负面情绪。因此在和别人比较的时候，我们首要的是要明白一个道理：术业有专攻，每个人都有每个人的长处，尺有所短，寸有所长，每个人都不可能是完美的，我们肯定有不如别人的地方，不能因此而觉得自我一无是处。其次，在和其他同学进行比较时，还要明确自我职业理想或者追求到底是什么，如果为了理想而抉择，即使和其他同学相比，暂时没有找到工作，或者被录用的工作单位不如其他人，也不用气馁。从心理学角度而言，找到与自己的职业价值观相契合的工作岗位，那么我们就会乐在其中。最后，面对比较，我们要明确人生自我价值的实现有多种方式，不是一次理想的就业过程就能完全实现的。工作是找给自己干的，不是找给别人看的。一个成熟的个体会对自己有清晰的自我定位，会对就业有着明确的选择标准，而不会在和别人的攀比中迷失自我。

（二）正确认知求职对个人发展的影响

理性的分析求职过程，我们就会发现，其实求职应聘过程可能会很曲折。求职应聘是个由起点到终点，短暂而漫长的过程，在这个过程中每个人所拥有和承受的具体机遇可能不一样，但本质都是一样，也就是每一个大学生都要承担相应的喜怒哀乐、悲观失望、希望与失落等情绪。每一个大学生都是独特的个体，因为机遇不同，求职岗位带给个人的薪酬待遇也各不相同。但这不意味着一个取得较好工作岗位的大学生以后肯定会顺利，也不意味着自己的应聘岗位不够完美，就决定今后生活一定曲折。职业生涯如同我们的人生，有的人先苦后甜，有的人先甜后苦；有的人大喜大悲，有起有落，有的人安顺平和、无惊无险，所有这些都是很正常的现象。正如古人所说：“才子而美姿容，佳人而工著作，断不能永年者”。人间没有永远的赢家，也没有永远的输家。一个心理健全的人，偶尔感到不愉快、不舒畅，对一些没有实现的就业目标惋惜，这些都是正常的现象。但总的态度都应该是积极的，想得开，放得下，朝前看，这样才能从与他人的攀比失落中解脱出来。

第五节　嫉妒心理及应对

当看到别人找到理想工作时，怎么去评价？这是许多大学生面临的实际问题，从现实观察许多大学生都会以平和的心态祝福对方、学习对方，但也确实有部分大学生有“感觉自己也不差，为什么自己找不到理想工作”的酸葡萄心理，甚至有极少数大学生会形成嫉妒心理。

一、嫉妒心理

嫉妒心理是大学生求职过程中比较容易见到的心理现象，它是对他人的成就、特长或优势地位既羡慕又嫉妒的情绪。

在择业中，有的同学看到别人某些方面求职条件好，或找到比较理想的工作时，就会产生羡慕，转而痛苦、又不甘心的心态。部分大学生由于心理素质不好，有可能为了不让别人超过自己，而采取背后拆台等不良的手段。嫉妒心容易使人把朋友当对头，使朋友关系恶化，现实中，具有强烈嫉妒心的人可能故意对别人的工作冷嘲热讽、贬低、讽刺和挖苦意图打击别人，更有甚者抱着“我得不到，你也别想得到”的畸形心态在用人单位面前造谣中伤、打小报告。这肯定会导致人际关系紧张，嫉妒者本人也会增加内心痛苦和烦恼，甚至影响求职的顺利进行。

【案例故事】王波是北京某高校政法类双学位班毕业生，凭借个人努力，他得到了一份待遇优厚、有保障、还可以解决户口的工作机会，同学们也都很羡慕他。他也以为胜券在握，于是就回家游玩去了。王波没想到，该公司对应聘人员的性格以及与人打交道的能力比较看重，虽然他通过了笔试和面试，但用人单位出于谨慎，还是打电话到王波的宿舍调查情况。王波当天不在，寝室里的一名同学接了电话。这名同学一直没有找到合适的工作，看到王波找到了这么好的单位，心里有些失衡。在用人单位问及王波平时表现如何的时候，这名同学在电话中说：“我们对他不太了解，他不怎么和我们说话和交往。”用人单位由此感觉王波可能在性格上存在一些问题，最终放弃了对他的录用，一直没有再和他联系。王波直到毕业时都不知道真实的原因。一年后，他通过其他同学得知了真实情况，又气又无奈。（摘自北京晚报，2006年6月3日）

【案例启示】嫉妒心产生的原因是多方面的，如心胸狭窄，虚荣心太强，名利思想太严重等，实质上是自私的表现。嫉妒心是就业竞争中的一种不正当的以极端个人主义为核心的有害心理。如果别人在某些方面确有优势，而自己明显不足，就要坦然对待，审时度势，下决定去超越，或转移竞争方向，在其他方面努力做出成绩。

二、克服嫉妒心理

求职本身就是大学生之间相互竞争的过程。对于同一专业甚至是同一宿舍的同学来说，这种竞争尽管不明显，却是潜在存在的。嫉妒情感从人与人之间的竞争关系中孕育，其根源在于占有欲没有得到满足。在面对“人好我差，人有我无”这样的现象时，心里便不是滋味，潜意识中希望占有属于别人的东西。克服嫉妒心理，要从如下几方面做起：

（一）提高道德修养

修养是人们在日常生活中修炼出来的一种良好的道德规范，它来自道德深处，又表现在人们的一举一动之中。好修养不是一朝一夕形成的，它来自日积月累和滴水穿石的恒心。有着好修养的人，会是你的良师益友，是你人生的知己和引路人。封闭、狭隘意识使人鼠目寸光，因此，应该不断提高自身道德修养，不断地开阔自己的视野，与人为善。要心胸开阔，放眼长远，与人为善，尽量避免封闭、狭隘意识，为人要豁达开朗，绝不做短视之人。

（二）正确认识嫉妒

大学生要认识到，他人的成功就业，不是对自己的否定，更不是一种威胁，他人的成功损害自己的利益和“面子”，这只是一种主观臆想。一个人的成功不仅要靠自身的努力，更要靠大家的帮助，嫉妒只会损人损己。停止与嫉妒斗争，承认它，接受它。但当你抵制嫉妒情绪时，往往你却给了它更多的负面能量。相反，若能接受嫉妒情绪，承认对嫉妒的直接体验，认真体会此刻的心理感觉，承认并跟着自我的体验，别去评判它是对是错，我们才能认真剖析它，停止对嫉妒心理的排斥，从而切断这种心理状态的供给能量，最终这种情绪将会消失。

（三）客观评价自己

当嫉妒心理萌发时，能够积极主动地调整自己的意识和行为，从而控制自己的动机。这就需要客观、冷静地分析自己，找差距和问题。

要善于发现自身的不足。承认别人的能力、水平和长处，承认别人成功的事实，多虚心向他人学习、请教，变“不服气”为“长志气”，这样才能化嫉妒为竞争，才能提高自己。要培养豁达的人生态度。永远都不能以自我为中心，认为谁都不如自己，要知道“天外有天，人外有人”这句话的内涵，也要永远牢记“强中自有强中手”。

第六节 逆反心理及应对

大学生具有一定的自我意识，对于个人的自我完善和发展有利。但自我意识过度膨胀，出现自我中心倾向，在思维习惯方面容易形成“我向性”特点，即从我的角度出发来认识事物，推己及人地认为别人的想法也应该跟自己一样。当他们遇到求职应聘的挫折失败时，不能理智地分析客观环境和自身原因，容易形成逆反心理。

一、逆反心理

逆反心理是指人们彼此之间为了维护自尊，而对对方的要求采取相反的态度和言行的一种心理状态。逆反心理是一种单向、固执偏激的行为方式，带有强烈的情绪色彩，它使人无法客观准确的认识事物的本来的面目，而用一种错误的方法和途径去解决所面临的问题。

求职应聘涉及的因素很多，大学生社会经验和人生阅历不一定能对所有事情完全判断准确。父母、老师和朋友站在各自立场，基于自身的人生经验，对大学生的求职应聘可以提供许多中肯意见。逆反心理背景下，部分大学生推崇绝对自由，过分强调自我，对他人意见听而不闻，形成了求职只相信自我判断的情景。还有一部分大学生在心理上为了逆反而逆反，甚至对正常宣传的就业信息存在逆反心理。对来自辅导员、班主任、学校就业指导服务中心以及同学和用人单位的正确信息、善意批评与建议，他们不相信、不听从，偏要对着干，要按自己的一厢情愿去求职。比如当别人为其推荐某工作单位时，总是抱有戒心，别人讲得越多他越不相信。

具有逆反心理的大学生，他们的求职应聘的判断标准从自我出发，只关心自己内心，从不顾及他人的需要和感受，求职原则是“我对，你们都错”。求职失败时，不总结自己的问题，甚至明明知道自己失败的原因也不改正，在以后的求职中依然我行我素，听不进任何批评与建议。

二、克服逆反心理

（一）明确就业目标

许多大学生的逆反心理是一种不成熟的表现。大学生要主动参与职业生涯规划培训与就业指导，对自我进行深刻剖析，确立适合自我的就业目标，并在此基础上体验认知就业对未来生存发展的意义，这是克服逆反心理的根本措施。一个对生活有着明确目标和心怀希望的人，凭直觉就能认识到逆反心理的荒谬之处，从而采用一种更科学、更宽容的思维方式。逆反心理容易使大学生在求职应聘中走弯路，而目标和理想的坚定性，能使大学生避免固执和偏激，能更好地促进求职应聘的顺利进行。

（二）培养多向思维

逆反心理之所以存在，主要原因就是大学生缺乏对多渠道解决问题的想象力。解决一个实际问题用一个办法就已足够，但在问题未解决之前却存在着几乎是无限的可能性。我们的思想一旦被逆反心理控制住，那么我们的视野就会变得狭隘、短视和愚蠢。它使我们无法进行正确的思维和判断，让思想仅仅是在“对着干”的轨道上盲目滑行。

培养多向思维要求大学生在思考求职问题时所运用的思维方式，不受点、线、面的限制，开拓思维。具体来说，求职不应局限在某一个用人单位而是关注整个行业发展、不局限在某一求职渠道而是善于借助多种方式取得求职信息、不局限在自己所在学校而是放眼整个就业市场。总之，就是从尽可能多的方面去思考同一个问题，从而为就业机会的获取提供帮助。

（三）学会宽容

每个大学生对求职总有着自己的“想象”，总喜欢把在大学教育中所接受的美好想象投射到求职应聘的过程。所犯的毛病就是用“应然”来评判“实然”，难以避免的是对求职现实苛责过多，对求职应聘互动中的其他人进行批评。其实，从心理学角度看，这些问题不在于现实的缺陷和不完美，问题恰恰出在大学生的逆反心理上，主要表现就是不够宽容。尤其是在大学生这个年龄阶段，生理上的成熟与心理上不成熟的对比，让某些学生自己过分看重自己的内心体验，忽视了求职应聘其实是和社会其他人员互动的过程。一味的逆反，只能使得自己陷入一种孤立状态。宽容别人，也是心理成熟的表现之一。

下篇

创业心理教育

对于当代大学生来说，创业是一件时髦且令人向往的事情。对于这个群体的大部分人来说，一方面创业的理想，让人向往，并为之努力奋斗；另一方面创业过程的复杂性，创业要素的多元化，使得大学生面临着诸多风险挑战，创业给大学生带来的压力可想而知。进行创业心理教育，是激发大学生创业动机、塑造创业人格、帮助大学生矫正不良心态的过程。

第八章　面向创业的心理认知

进行创业心理教育，首要的是围绕大学生创业基本要素进行心理学分析，以此为基础进一步深化大学生对创业的基本问题认知。如果对创业进行结构分析，涉及创业的主要要素有创业者、创业机会的识别、创业环境等。对这些基本要素进行心理学观照，可以帮助我们更好推动大学生把创业从被动行为变成自觉行为。

第一节　认知创业者角色

创业是创业者对自己拥有的资源或通过努力能够拥有的资源进行优化整合，从而创造出更大经济或社会价值的过程。创业者是创业活动的直接执行者，是创业中的领导者和关键指挥者，很大程度上决定了创业的成败。

一、成为创业者的基本条件

并不是所有大学生都适合创业，也不是所有创业者都能取得成功。创业是创业者将创业想法逐渐落实的过程，大学生个体所具备的基本素质条件，对创业能否健康发展具有重要作用。它需要大学生在决定创业前，对自我有一个基本的心理认知。它主要包括以下三个方面：

（一）全面的创业知识储备

有人说，只要有一定的资金或具备了专业技能就可以创业了，其他的都无所谓。这是一种错误观念。一个人要想创业成功，必须具备基本的创业知识。

广义的创业知识是指对创业实践过程具有意义的个体的知识系统及其

结构，主要包括专业知识、经营管理知识、综合性知识等。只有系统地掌握了有关学科的基本理论和技能，才能为今后创业打下坚实的基础。狭义的创业知识是指有关创业过程、步骤、方式等本身所运用到的具体知识。比如大学生创业时机的选择、创业机遇的寻找、怎样编写创业计划书、如何开办小型企业、如何向银行贷款等。

（二）拥有创业核心竞争力

根据经验观察，当前社会中的成功创业者，一般是下列四类：核心科技掌握者、资源整合者，商业模式设计高手及超强执行者。这四类人各自有各自核心竞争力。

对于大部分的大学生创业者而言，可能没有相应的经营管理知识，但是大多具有针对特定学科的专门知识，这些知识对于想要在相关领域创新的学生来说就是核心竞争力，这对于想要创业的学生来说是创业的最佳切入点。对于个体来说，如果能掌握本专业的核心科技，那创业成功的几率就会大大提高。而现实案例中，大学生进行创业，有许多情形是某位同学在大学一直担任学生领袖或活跃分子，视野开阔，富有感染力，遂决定拉起创业大旗，组建创业团队，但往往最后的结果不尽如人意。究其原因，还是在于他没有掌控核心科技，也不具备类似资源整合者、商业模式设计高手及超强执行者等其他三类创业者的核心竞争力。所以对于不掌握核心科技的创业大学生来说，进行创业，打造核心竞争力，就需要在资源整合、商业模式设计及超强执行力等方面下功夫。这需要大学生在创业项目的运行中，不断总结经验，不断进行创新。

（三）具有较强的创新意识

无论是何种性质、类型的创业活动，它们都有一个共同的特征，即创业是主体的一种能动的、开创性的创新实践活动。因此，创业若想发展，就必须坚持创新。

创新和创业具有紧密的内在联系。创业与创新内涵上相互包容，在实践过程中互动发展。创新的价值在于创业。从某种程度上讲，创新的价值就在于将潜在的知识、技术和市场机会转化为现实生产力实现社会财富增长，造福人类社会。第一次提出了“创新”概念的奥地利著名经济学家熊彼特认为，创新是生产要素和生产条件的一种从未有过的新组合，这种“新组合”能够使原来的成本曲线不断更新，由此会产生超额利润或潜在的超额利润。而实现这种生产要素的新组合的根本途径就是创业。

二、创业者的个性心理特点

创业者心理特点，会影响到创业的效率。了解创业者心理特点，有利于有的放矢地引导大学生做好相关准备。

（一）较好的亲和力

“亲和力是比喻使人亲近、愿意接触的一种力量”。“亲和力”最早是属于化学领域的一个概念，是特指一种原子与另外一种原子的关联特性，是两个分子在单一部位的结合力。但后来越来越多地被用于人际关系领域和组织管理领域，亲和力是产生凝聚力的基础。在创业过程中，创业者如果具有较好的亲和力，他就能吸引并团结带领周围的人员共同奋斗、并能形成自己创业团队的凝聚力，这会大大提高创业团队之间的协作能力，提高工作效率。

（二）坚忍的意志力

意志力是指一个人自觉地确定目的，并根据目的来支配、调节自己的行动，克服各种困难，从而实现目的的品质。意志力，是在实现目标的艰辛路途上不可或缺的品质。

对于一个想要创业的大学生来说，“时机”的识别固然是非常重要的。但对于一个想创业的任何人来说，创业过程不会是一帆风顺，面对困难、面对问题、面对失败时，是否坚持自己的既定目标，是否有坚定的内心信念，是否有不达目的决不罢休的意志也是重要的。浅尝辄止只能功亏一篑，最终一事无成。因此，对于将要创业的大学生来说，“信念”是很重要的素养，没有坚定的意志力去创业，创业就是一句空话。

（三）坚定进取心

进取心是一种不满足于现状、奋力执着前行的积极心态，内含昂扬向上、发愤图强、不断自我扬弃、勇于迎接挑战的精神追求。如果每一个创业者都没有进取心，那创业项目就很难扩大，在竞争的社会条件下，不进则退。正如鲁迅先生所说：“不满足是向上的车轮”。创业者的事业之所以能够不断发展进步，一个重要推动力量，就是我们拥有这只“向上的车轮”，即我们常说的进取之心。一个人的心胸有多大，舞台就有多大。进取心和想象力是成功的起点，也是最重要的心理资源。目光高远，时刻想着提高和进步，是成功者最重要的习惯。对于大学生来说，创业本身就是打破现状的做法，有了进取心，我们才可以充分挖掘自己的潜能，不断解决创业过程中的困难和问题，才有可能最终推动创业的成功。

三、自我实现是创业不断发展的心理动力

美国著名心理学家马斯洛在20世纪40年代提出需要层次理论，他认为自我实现的需要“可以归于人对于自我发挥和完成的欲望，也就是一种使它的潜力得以实现的倾向”。马斯洛描绘了自我实现者的总体特征：竭尽所能，使自己趋于完美。人的绝对完美是不可能的，但向完美靠近、奋斗是完全可能的。

人的自我价值和社会价值是问题的两面，但人在实现了自我价值的基础上，才会进一步期望为社会创造更大的价值。从大学生创业的原动力分析，它与渴望实现自我价值有着密切关系。这个角度看，创业是创业者发挥主观能动性，不断发掘自身潜力，积极运用周围资源，实现自身梦想的过程。这个过程中，创业项目得以实践运作，而个人在实践过程中其自

身的思想境界、心态都会逐渐成熟；创业所创造的物质财富，以及为他人创造的就业机会，向他人展示了不一样的自我，自我的社会形象得到了提升，自我所期待的正面社会评价如期而至，自我的心理自豪感和心理满足感得以实现。

【案例故事】杨刚，中国最受关注的青年创业者，昕影影业总裁。昕影影业创立至今，已经在中国的影视行业稳占一席地位。杨刚曾说“创业不是你看到一个人摆摊赚到钱了，你也来摆摊，盲目跟风从流，这样的企业是没有灵魂的，我们创业，最先要考虑的是我们给这个世界上到底带来什么独特的价值，到底能为这个社会创造什么？你跟别的企业必须不一样，与众不同，与众不同的地方必须是基因里面的、骨子里面的不同，从根本上与别人不一样，你才会真正生存，发展壮大，才会有做到最好的可能性。”他的这段话向我们揭示：创业最重要的是实现自我价值。（摘自中国网）

【案例启示】创业能够带给人心理挑战和精神享受。创业充满挑战和风险，同时也会带来克服种种困难和挑战的无穷乐趣。创业过程中，许多事情和结果处于未知状态，大学生可以在这个过程中，体验到无穷的变化，丰富自我的精神体验。这些对于自我实现都具有重要意义。此外，创业者选择创业项目，通常都会从个人兴趣的领域着手，将其与自己的知识技能、专业特长等结合起来，而做自己喜欢的事情本身就是一种自我实现。

第二节 面对创业机会的心态

机会，指具有时间性的有利情况，从而给人提供有力动机。创业机会是指有助于创办新的企业、实现某种商业利益（盈利目的）的可行的突破口、切入点、途径、环境、空间、条件等；是有助于创办新的企业的商业机会。创业者据此可以为客户提供有价值的产品或服务，并同时使创业者自身获益。创业机会意味着未明确的市场需求或未充分使用的资源或能力。

创业机会具有很强的时效性，甚至转瞬即逝，一旦被别人所掌握也就不存在了。而机会又总是存在的，一种需求被得到满足，另一种需求又会产生；一类机会消失了，另一类机会又会产生。大多数机会都不是显而易见的，需要去发现和挖掘。创业者对机会的评价除了依靠专业性知识的评价决断之外，与大学生面对创业机会的心态（所谓心态是人的意识、观念、动机、情感、气质、兴趣等心理素质的综合体现，是人内心对各种信息刺激做出反应的趋向。这种趋向对人的思维、言行、情绪、思想具有导向作用。）也有很大关系。

一、开放心态

识别创业机会的前提，在于发现创业机会。发现创业机会，除了知识储备之外，还需要开放心态。只有心态开放，大学生才能更好地发现创业机会。

首先，开放的心态是一种心理上的态度。开放，是不故步自封、不固执僵化、不排斥交流；是能正确地对待自己、他人、社会和周围的一切新变化的一种修养、一种气度、一种心态。面对新事物新变化，不是积极进取的去努力了解，紧跟时代步伐，反而采取“鸵鸟政策”（　“鸵鸟心态”是一种逃避现实的心理，也是一种不敢面对问题的懦弱行为。），心理上排斥，行动上疏远，那创业机会的发现就会很难。

其次，开放的心态需要保持谦虚。具有开放心态的人，他们能够主动听取别人的意见，不怕别人对自己意见的否定。面对快速发展的社会，一个人的认知总归是有限的，当个体发现创业机会时，这个机会未必就一定适合自我创业。如果一个人不能听取他人的规谏，不能容忍他人和自己意见相左，一意孤行的利用某个创业机会，有可能就会很快遇到创业失败。

二、勇于冒险心态

把创业机会变成创业现实过程，就是把潜在的创业需要变成创业行动的过程。行动的结果如何，对于开始准备抓住某一次创业机会的创业者来说，是未知的。因此，把握运用任何创业机会，都需要有敢于冒险的心态。

《辞海》对冒险的解释有两种，一种是承受风险，不顾危险；另外一层的含义是指不顾主、客观条件的盲动、蛮干。识别并把握运用创业机会的冒险心态，指前者，即创业者能够一定程度上评估运用创业机会的风险，并愿意承担相应失败的结果。创业会有风险，这已经被看做创业过程不可分割的一个部分。

在国外，人们通常认为，“企业家”是“有冒险精神的一群人”，冒险是他们区别于其他人群的显著特征。美国哈佛大学心理学家大卫·麦克莱伦研究结果也表明，具有高成就感的人同时也具有适度的风险承担倾向。日本著名企业家土光敏夫认为“如果风险小，许多人就会去追求这种机会，因此利益也不会大；如果风险大，许多人就会望而却步，所以能够得到的利益也就会大些”。风险意味着机会，意味着财富。一个人创业成功与否，在一定程度上说，就是是否具有抓住机遇的胆量和气魄。创业者是否具有充足的承受失败（承担风险）的勇气，这个素质往往成为能否成功的关键因素。马云曾说，今天很残酷，明天更残酷，后天很美好，但绝大多数人死在明天晚上。现实中，我们也能发现这样的现象，许多大学生既有创业的激情，同时又担心失败后悲惨的命运。所以很多人思考了很长时间，最后还是决定等等再看，一月过了一月，一年过了又一年，多年后回忆说自己失去了好的创业机会。究其原因，就是过于保守，缺乏冒险精神。因此，所有想要创业的大学生，运用创业机会，本身就意味着冒险，自然也需要冒险心态。

【案例故事】在2003年“非典”期间，尤东云咬牙以极其低廉的价格拿到了电视台很多广告时段，想在疫情结束后以高价卖出，不过，这些时段大多“无人问津”，在当时来说风险非常大。

但在他看来，风险和收益成正比，创业需要冒险精神，墨守成规不行。事实证明，尤东云的这次冒险是正确的。非典一役，尤东云拥有了作为电视广告代理的资格和自信。几年后公司的销售额都实现了数倍的增长。

通过这一次的冒险，尤东云挣到了第一桶金。回忆起当初，他至今感慨：“在这件事情中，我们打了一个翻身仗，在业内积累了口碑，过去很难建立的和电视台等上下游的合作关系就这样建立起来了。有了这次基础和口碑，之后好几年的时段资源就比较容易拿到。”

到了2006年，尤东云再一次面临选择。这一年，互联网开始崛起，但这也意味着风险，摆在尤东云面前的问题是如何在传统业务和互联网之间做出选择，意味着转型和革命。

这一次，尤东云又选择了冒险。“选择互联网短时间内风险会很大，但是如果仍然停留在传统业务，互联网方面就很难做好。”之后，尤东云通过与一些互联网公司接触，嗅到了商机，他毅然将公司之前的业务抛掉，全心全意做互联网业务。

然而，真正开始经营的时候，他才发现，要生存，那就得马上接“营生”。那时候他的压力非常大，也有过思想波动，因为他明白，如果转型不成功也许迎接他的就是被淘汰。

但作为一个具有冒险精神的人，最终他还是坚持了下来。他总结说：“转型之初出现种种的障碍都很正常，再大牌的公司转型都需要经历从个人到团队默契磨合的复杂过程。此外，转型需要一个漫长的过程，很少有立竿见影的效果。”

【案例启示】创业本质是在变化当中寻找创业机会。在稳态的市场中很难找到创业机会，想要创业成功属于小概率事件。任何一个创业机会的运用，都是一种冒险。识别并运用一个个创业机会，没有冒险心态墨守成规，就很容易失去创业成功的机会。

三、学习心态

识别创业机会，固然是专业判断的结果。但这一过程，也是一种再学习的过程，因为任何创业机会绝对不是专业知识或自身人生阅历的重复再现，它总是与社会环境的诸多要素纠缠在一起。党的十八大以来，党中央和国务院以简政放权为突破口，推动社会经济转型，释放社会活力，社会投资和创新创业热情迸发。以信息网络技术为支撑的“创客”更是如同雨后春笋，迅速成长。一大批热衷于创意、设计、网络的年轻人，紧跟“互联网+”的潮流，借助互联网思维创造出许多新型产业布局方式和融资模式。随着这些新变化，创业机会会不断涌现，识别并把握创业机会，需要学习心态。

再有，在当代社会，创业机会往往与新事物出现密切相关，如果没有学习心态，对新事物没有充分的了解，那创业机会识别就会大打折扣，更谈不上运用创业机会。孙子兵法说，知己知彼，百战不殆。识别创业机会，不能是纯粹思维领域的主观论证，它需要大学生全方位了解与创业项目相关市场需求，这本身就是一种学习过程。

第三节　面对创业环境的心态

创业环境是指那些与创业活动相关联的因素的集合，包括宏观环境、行业环境和微观环境。宏观环境又叫总体环境，是指那些影响创业成功的政治、经济、社会等因素的总和；行业环境是指与创业有关的行业的发展状况以及目前行业的优势与问题、行业发展趋势等因素的总和；微观环境是指与创业项目有关的消费者、竞争者、营销渠道等因素的总和。创业环境是有利于创业还是不利于创业，需要大学生做出一定判断，而大学生面对创业环境的心态如何，也会影响到他们是否决定创业的心理。

一、面对宏观环境的认同心理

当前，我国创业宏观环境相比较其他历史阶段，都是比较好的时期。大学生对宏观环境有利于创业的认同心理比较突出。改革开放以来，党和政府一直倡导创业，尤其是在大众创业、万众创新的大环境下，国家创业配套政策以及创业环境毫无疑问实现了大幅飞跃。2015年11月28日发布的教育部哲学社会科学发展报告项目《中国大学生就业创业发展报告》，该报告由东北师范大学杨晓慧教授及其课题组成员，通过对全国2015届20余万大学毕业生和历届近5000个创业大学生进行问卷调研，从就业、创业角度进行分析研判汇编而成。报告显示，大学生创业者对当前的创业政策和环境做出较高评价。57. 27%的大学生创业者对“政府对大学生创业有许多优惠政策支持”持赞同态度；63. 54%的认为“鼓励大学生创业的政策对大学生创业很有作用”；50. 20%的大学生创业者认为“当前大学生创业的社会环境很好”。

大学生对创业宏观环境的认同，主要得益于十八大以来经济改革的深入以及大众创业、万众创新相关政策的推动。特别突出的是，国务院在2015年6月印发了《国务院关于大力推进大众创业万众创新若干政策措施的意见》，这是推动大众创业、万众创新的系统性、普惠性文件。《意见》明确，推进大众创业、万众创新要按照“四个全面”战略布局，坚持改革推动，加快实施创新驱动发展战略，充分发挥市场在资源配置中的决定性作用和更好发挥政府作用，加大简政放权力度，放宽政策、放开市场、放活主体，形成有利于创业创新的良好氛围，让千千万万创业者活跃起来，汇聚成经济社会发展的巨大动能。在国家相关政策的大力推动下，当前宏观环境为创业提供了前所未有的支持力度。

首先，创业舆论环境进一步优化，为有效降低创业者寻找项目投资的成本提供了便利。创业想要取得成功，就需要有人投资。在全社会鼓励创业的氛围下，各类媒体、各个社会阶层对于创业有了全新的认识，对于创业的认同度也在逐步增加，现在大学生创业越来越受到全社会的关注和认同，创业项目融资的渠道越来越畅通。

其次，创业政策的完善，降低了创业项目的落地成本。在当代社会中，任何一种经济行为都会受到制度或政策的影响。创业，作为一种经济活动也不例外。随着国家对创业政策的完善，与创业项目有关规则的确立，为项目最终设立提供了明确的行为指导和行为边界，创业者可以根据相应政策，有序开展创业活动，避免了无规则状态下创业者依靠政府随机决定的状态，提高了创业项目落地的效率，自然就节省了成本。

对宏观环境的认同心理，使得大学生创业的热情进一步被激发，《中国大学生就业创业发展报告》指出2015届全国高校毕业生创业率为2.86%。男大学生和女大学生的自主创业率分别为3.56%和2.15%；创业率较高的学科门类为艺术学、工学和管理学的大学生，分别为5.98%、4.64%和3.93%；985高校、高职高专院校毕业生创业率相对较高；专科毕业生创业率高于其他学历层次的学生；直辖市和农村生源的大学生创业率高。

二、面对行业环境的创新心理

创业者的创业总会面临着选择某一行业的问题，在社会主义市场经济充分发展的今天，打造一个完全以前没有的行业，十分困难。几乎所有的行业，都有一定的成熟度。在这样背景下，进行创业，不进行创新，创业就很难成功。尤其是当前我国已经进入新常态，经济发展在很大程度上越来越依靠创新。创新，已经成为这个时代最具标志性的印记。因此，面对行业环境，创业者的创新心理也是一种必然现象。但真正进入某一行业进行创业，仅有创新心理还不够，还必须具备创新能力。这需要大学生在日常的学习生活中加强培养。建议大学生：

要注重养成问题意识。有些大学生平常不会、也不注意去发现问题。其实，对于创新活动来说，没有什么问题或者从来不问问题，这才是最大的问题，问题意识要求大学生在日常生活和学习中，遇事都要问个为什么，不放过任何疑点，养成爱琢磨，爱钻研，勤学好问的习惯。巴尔扎克有句名言："问号是开辟一切科学的钥匙。"发明创造始于问题。问题就是矛盾，有了需要解决的问题，才需要思考，创新才有可能性。

要注重养成捕捉机遇的意识。《辞海》对机遇的定义是指"导致科技突破的原定研究进程所未料到的偶然事件或机会。"其主要特点是意外性。机遇在创新活动中具有重要作用，常常是导致创新突破的导火索。善于捕捉机遇，是一个人创新能力的重要体现。但机遇只亲近有准备的头脑，它是深思熟虑的必然结果，其偶然性中有必然性，只有热烈而顽强地致力于创造性地解决问题，机遇才会光顾。

要注重养成独立思考意识。创新需要大学生独立的判断行业环境，如果面对许多问题不愿思考，把思考判断的责任放在父母、专家身上，那创新的可能性就很小。养成独立思考意识，要逐渐学会收集整理各方面创业信息资料，强化怀疑和求异思维，进而理出自己的思路，注意从不同的角度看创业机会，培养发现创业机会的能力。

三、面对微观环境的共赢心态

所谓创业微观环境是指与创业项目有关的直接要素的总和，比如与消费者关系、与项目竞争者关系等。对于每一个大学生创业者来说，所面临的微观环境都是不同的。对此，坚持什么样的心态，十分重要。

（一）共赢心态

在这个知识经济高速发展、社会分工日益细致化的时代，共赢心态为创业成功提供了一个有效率的机会。

萧伯纳曾说："你有一个苹果，我有一个苹果，我们交换一下，一人还是一个苹果；你有一个思想，我有一个思想，我们交换一下，一人就有两个思想。"而这正恰当地诠释了共赢心态的内涵。共赢心态是一种基于互敬、寻求互惠的思考框架与心意，目的是更丰盛的机会、财富及资源，而非"患不足"的敌对式竞争。它要求我们用"我们"而非"我"的观念为人处世，开放胸怀，与他人合作，求同存异，众志成城，在相互的磨合中共同进步。

创业作为一种社会活动，消费者、竞争者等都是创业项目的被动参与者。各方参与者存在利益竞争的关系，如果创业者没有共赢心态去处理与这些参与者的关系，而是一味与消费者夺利、与竞争者争利，那创业项目的微观环境中人情味越来越淡，与消费者、竞争者的对抗性越来越强，结果很有可能因为矛盾突出而影响创业项目的发展。

（二）寻求共赢的思路

与消费者共赢。消费者作为创业项目所提供服务或产品的接受者，他们对创业项目的成功运行，具有决定性作用。站在消费者角度去思考问题，以客户为中心，去改进创业项目的瑕疵，不断改进产品或服务以适应消费者需求，已经成为所有创业者的必须科目。反之，如果仅仅把消费者当做自己创业赚钱的工具，忽视消费者的主体感受，没有让消费者在运用产品或享用服务中得到物质和精神的满足，那创业也就不能继续进行下去。因此，与消费者的共赢应该成为创业者的自觉心态。

与竞争者共赢。创业者所面对的竞争本质是利益之争，如果把竞争看作一场“零和博弈”（零和博弈又称零和游戏，与非零和博弈相对，是博弈论的一个概念，属非合作博弈。指参与博弈的各方，在严格竞争下，一方的收益必然意味着另一方的损失，博弈各方的收益和损失相加总和永远为“零”，双方不存在合作的可能），对手得益就意味着自己受损，那么结果往往是两败俱伤。为了生存，我们必须学会与对手共赢，把竞争变成是一场双方得益的“正和博弈”（正和博弈亦称为合作博弈，是指博弈双方的利益都有所增加，或者至少是一方的利益增加，而另一方的利益不受损害，因而整个社会的利益有所增加）。与对手共赢，就是以较小的代价换取更大的利益，这种策略类似于棋局中的弃卒保车，它应该成为创业者的必备技巧。保持共赢心态，才能使创业者有机会通过与竞争者的合作达到壮大自己的目的。

【案例故事】赵先生是一家中型超市的老板，从事零售经营有着十余年的时间。去年冬天，赵先生代理了一款取暖设备。由于是新产品投放市场，所以生意非常不错。然而，令他没有想到的是，在他同一条街道上的零售户马先生也同样代理了一款取暖设备，虽然两者品牌不同，但款式功能却相同，而且价格也相差无几。为了确保盈利，赵先生开始采取降价的方式进行销售。谁知，就在他降价的第二天，马先生的店铺也开始降价促销。看到此，赵先生又把价格压了一些，而马先生也不甘落后，打出了“最低价、赔本卖”的牌子。就这样，两人开始在生意上打起“价格战”，你降我也降，你低我更低，你方演罢我登场。最终，两人的代理生意均以失败而告终。

有道是：不是冤家不聚头。一个偶然的机会，赵先生和马先生同时去参加一位朋友的婚礼，更巧的是两人同时被安排在一个席桌上。在朋友的引荐下，两人终于有了相互的了解。由于是同行，两人的话题也多了起来。经过一番交流，两人就店铺经营上达成了一个共识，即：合作经营，优势互补、资源共享、利益同谋、风险共担。

接下来的日子里，他们将店面门头、货架柜台、标志灯箱、店内招牌、店面形象进行了统一包装，使外在风格和内在形象全部达到一致。在经营上，他们采取连锁的形式，即统一标识、统一采购，统一标价，统一管理，统一配送，统一服务标准。他们的这一合作形式，很好地解决了以往经营中的三个难题：一是解决了以往个人单打独斗时资金周转不灵的难题。通过两个人的合作，使经营资金有所增加，周转起来较为灵活；二是解决了以往店铺容量较小、产品数量较少而不能满足顾客需求的难题。顾客如果在这个店内没有发现自己需要的产品，经过服务人员介绍就可到另外一个店内购买；三是解决了以往小店铺没有竞争力、经常被对手击败的难题。合作经营后，店铺实行统一采购、统一配送，与以往相比经营费用减少了，利润增加了；店铺的空间容量大了，消费者选择的余地多了；品种齐全了，商品的动销率提高了，这些都为参与市场竞争奠定了良好基础。

【案例启示】赵先生在竞争中选择了合作，又在合作中实现了共赢。

同行之间不一定就是冤家，也可以是很好的合作伙伴。同行之间，可以在竞争中取长补短、共同进步，也可以在竞争中强强联手、合作共赢。与竞争对手合作，可以把竞争对手限定在自己的地盘上，避免双方投入大量资金展开两败俱伤的竞争。通过联盟合作，可获得重要的市场情报，使营销领域向纵向或横向扩大，使自己与合作者能够进入单方难以渗透的市场，有助于业绩的增长，提高市场竞争力。

第九章　创业动机与创业成就动机

创业动机作为推动个体或群体从事创业实践活动的内部动因，是使主体处于积极心理状态的内驱力，是鼓励和引导个体为实现创业成功而行动的内在力量。创业作为一种复杂的社会活动，若想取得成功，仅有简单的一般动机还不够，还必须具有极强的成就动机作为支撑。

第一节　创业动机

随着国家鼓励大学生创业政策的实施，大学生的创业已经成为社会关注的现象。了解创业动机相关理论，对于激发大学生创业意识具有重要意义。

一、创业动机的内涵

动机是个体为满足自身需要，激发个体朝向一定目标活动，并维持这种活动的一种内在的心理活动或内部动力。而创业动机则是指引起和维持个体从事创业活动，并使活动朝向预定创业目标迈进的内部动力。

心理学认为："需要产生动机，进而导致行为。"创业活动是一种综合性很强的社会实践活动，它源于人强烈的内在需要，这种内在需要是创业活动最初的诱因和动力。如果没有创业的需要，就绝不可能产生创业行为。仅有创业需要也并不一定有创业行为，只有当创业需要上升为创业动机时，才能形成创业者竭力追求和获得最佳效果与优异成绩的心理动力。创业动机就是推动创业者从事创业实践活动所必备的积极的心理状态和动力。一旦创业者拥有这一积极的心理状态和动力并将其付诸实践，他就会坚持不懈，勇往直前。

二、创业动机的类型

中国科学技术协会在2016年2月所公布的《“大众创业、万众创新”政策措施落实情况第三方评估》数据显示，有71. 4%的在校大学生之所以创业，是为实现个人理想，50. 8%的是为丰富人生阅历，32. 5%是因为就业不理想，28. 5%是受周围环境影响，而选择迫于经济压力的仅有25. 5%。从这组数据可以看出，这一拨大学生的创业动机呈现了多样性。从理论上进行分析，结合创业的案例我们可以发现，创业动机主要有以下几种类型：

（一）生存的需要

鲁迅先生说过，我们一要生存，二要温饱，三要发展。生存是人类的第一需要。这样的动机，往往是社会人士创业的驱动力。对于大部分大学生创业者来说，持这样动机的人较少。这是因为大学生学历较高，他们可以把寻找就业岗位作为生存选择的基础。在生存需要的背景下进行创业的大学生，多数与家庭的经济状况欠佳有关，而个人则有强烈的迅速改变家庭经济条件的内在需求。

【案例故事】据中国之声报道，22岁的陈帅先是河南信阳学院一名大三学生，两年前，父亲做生意赔钱，连他的学费都交不起。当家人劝他申请国家助学贷款时，他却坚持要靠自己挣钱，因为助学贷款名额有限，自己占了，其他贫困生怎么办?

此后，他在学校食堂承包一个档口卖家乡菜，自力更生。为了买到新鲜食材，每天天不亮，陈帅先就要去20里外的市场买菜，赶上下雨天，他就把雨衣脱下来盖在蔬菜上，自己却被淋得全身湿透。为了帮助其他同学，他雇佣学校的特困生在档口帮忙，更在发工资时，坚持把利润平均分给每个同学。

两年来，陈帅先从没有过星期天和节假日。因为饭美价廉，他的档口好评如潮，连续三次获得“优秀流动红旗”，甚至吸引其他学校的学生前来品尝。（摘自央广网）

【案例启示】陈帅先同学，就是为生存压力而创业，但这份创业动机有了高尚的烙印，那就是依靠自我的努力，不依靠国家助学贷款。现实中，类似陈帅先的案例还很多，这启示我们，即使为了生存去创业，也不应该忘记自己对社会、对他人的社会责任。

（二）满足自我的经济需要

社会主义市场经济条件下，人们的物质需求更加突出，有些大学生创业并不是为了什么理想，也不是迫于生存的压力，有的大学生创业仅仅就是为了让自己的生活更舒服一些，让自己的经济状况能更好地满足自我的物质需求。

【案例故事】李敏，苏州大学文正学院新闻学大三在读生。与其他学生不同的是，她还有第二重身份，那就是手工工作室创始人。这是一家原创手工制品工作室，主要进行各类手工包的制作。“当初选择创业的契机其实很微妙。”李敏说，由于所学专业是新闻学，随着课程深入，希望能给自己添置一台单反，“但我又觉得单反太贵不想跟父母开口，毕竟他们赚钱也挺不容易的。就想着能不能自己赚钱买一台。”也是一个偶然的机会，接触到了手工艺品制作，“看到那些成品包，每个都很喜欢，既然喜欢，为什么不自己学着做呢。”正是这个大胆的决定，改变了李敏原本的大学轨迹，也成就了如今的她。（摘自凤凰网）

【案例启示】并不是每一个人的创业动机都必须高尚，创业为了赚钱，为了经济利益，无可厚非。关键是当创业进行到一定阶段时，不能为了赚钱而赚钱，需要提升创业理想的层次。如案例中的主人公，喜欢做手工艺品，虽然辛苦，但能坚持做自己喜欢的事，自然也是乐在其中。

（三）实现职业理想的追求

全球最大的中文网上交易平台——易趣网的创始人邵亦波认为“一个人想成功的话，一定要找到自己最想做的事，当然这也是你能干的事，这样你就能够每天都有热情地去工作。创业的动机很重要，不能赶时髦，但必须要有热情。成功其实是指一个人能实现自己有价值的理想，是一个人对社会起了怎样的作用。其实我们身边有很多年轻人都是成功的。当然创业成功的毕竟是少数，但创业不要只看结果，我觉得创业过程本身就是一种财富。”

当前，我国的大学生就业形势严峻，主要表现为毕业生和社会职位之间的供需矛盾，为了能找到一份自己满意的工作，为了实现自己的职业理想，部分大学生在创业的浪潮中开始了搏击。

【案例故事】瑞德摩尔、爱琴海、新天地画廊……一连串的名字如同四壁挂满的油画一样，浪漫而富有诗意。而这些油画的主人——曲杰，此时泡上一杯清茗，坐在电脑前查看网络上的订单，开始了一天的生意。

笔挺的西服，职业的微笑，优雅从容的谈吐，从他身上已经很难找到刚毕业不久大学生的青涩和拘谨。

刚毕业那会儿，也尝试找过工作，在上海和北京做教师和调色师，但收入比较低，难以生存，只好放弃了。曲杰语气平淡，没有丝毫惋惜。回到兰州后，家里给找了份当公务员的工作。但曲杰还是毅然选择了放弃。“在机关工作固然好，但缺乏激情和创造性，而且离我热爱的绘画艺术相去甚远。”为此，曲杰曾一度与父亲闹得很僵。

而与此同时，自主创业的念头却在他的脑海里越来越清晰了。

通过社区的帮助，曲杰参加了自主创业培训班，学到了许多创业前期筹备以及运作的知识，在大学生自主创业的优惠政策支持下开办了新天地艺术画廊。令他印象深刻的第一笔生意是在装修画廊的时候交易的——地产公司为了装饰样板房来选装饰画，当时的曲杰正戴着口罩，手拿刷子，满头大汗。而房产开发商日后也成为了曲杰画廊的主要客户之一。正是最初的几单“及时雨”般的生意，让曲杰的资金得以正常周转并迅速收回了成本。（摘自兰州晨报，2009年5月4日）

【案例启示】就业压力之下，只追求理想工作，很难实现。通过创业，实现自己的职业理想，不仅为自我也为他人提供就业机会，还是不错的尝试。本案例主人公，正是走了这样的一条道路。

三、影响创业动机的因素

动机的产生由两个因素促成：一个因素是内在刺激，主要是内在认知，内在认知又称为自我认知，主要是自我素质能力认知。另一个因素是外在刺激，外在刺激指来自周围环境的刺激，包括社会环境、学校环境对于个体的刺激。同理，创业动机形成的动力源也来自内在刺激和外在刺激，大学生创业的内在刺激包括创业相关的自我认知，大学生创业的外在刺激是推动大学生创业的外在环境，包括所有有利于大学生创业的社会环境、学校环境。

马克思认为："人的本质不是单个人所固有的抽象物，在其现实性上，它是一切社会关系的总和"，因此社会属性是人的本质属性。人在社会中的活动，其动机单纯由生理或自然性引起并不能促使个体在社会上创造非凡的业绩。社会性动机作用更加持久，创业动机属于此类。所以，对于激发大学生创业动机而言，外在刺激因素更为重要，也更能有效引发大学生创业的动机。

（一）内在刺激

大学生对自我素质和能力的认知对创业动机起着重要的作用。与创业有关的综合素质和能力主要有以下十多种：专业知识的积累及应用能力、把握和发现创业机会的能力、利用和开拓市场能力、学习能力和创新能力、人际交往和团队协作能力、适应能力和应变能力、分析问题和解决问题的能力、经营管理能力（识人用人能力、指挥协调能力、运筹财务能力等）、良好的心理素质（耐挫折能力、风险承担能力、自我控制能力、应付压力能力和抗冲击力、自信心等）、道德素质（个人修养、社会公德、政治素质）等，这些与大学生创业相关的各项素质和能力指数越高，大学生对自我素质和能力认知越清晰，就越拥有创业的勇气与决心，也能更自觉地把创业作为自己未来的选择。

(二)外在刺激

社会宏观环境的刺激。创业是经济活力之源、社会进步之翼，也是扩大就业的倍增器。社会环境作为外在刺激，它越来越鼓励大学生追求独立、注重创新，强调以创业实现就业，强调每个人要通过奋斗去实现梦想。这种持续强化的宏观环境刺激，潜移默化地影响着大学生的价值观、人生观，进而强化了大学生创业动机。

学校微观环境的刺激。大学生创业动机的培养和形成离不开学校的教育、鼓励和支持。首先，高校浓厚的校园创业文化氛围会刺激大学生的创业动机。校园创业文化即全体教师和学生在创业方面的价值理念、勇于开展自主创业的心理以及对创业进行鼓励的思想意识的总和。校园创业文化在学校的物质环境和体制环境中都有所体现，可以对学生的行为、观念和意识产生很大的影响，在提高学生创业素质的过程中发挥着整体的培养、塑造和引导的作用。其次，高校积极开展的创业教育会直接激发大学生创业动机。学校创业教育的开展涉及指导创业实践和传授理论知识这两个方面的内容，各高校不断改进创业教育课程，不断完善大学生创业实践平台，这两方面的内容相互促进，都为激发大学生创业动机提供了良好的环境因素。

第二节　创业成就动机

成就动机问题的研究始于西方，其概念的形成是在20世纪30年代。当时的美国心理学家默里提出人有二十种需要，其中首要的就是“成就需要”。默里对成就需要的定义为：克服困难，施展才能，力求尽快尽好地解决某一难题。在创业过程中，一般的创业动机能启动大学生的创业行动；而面对创业路途中未知的困难和问题，创业主体需要保持极强的成就动机才能促进问题的解决，才能更好地激发创业主体的积极性和创造性。

一、成就动机

（一）成就动机的定义

美国心理学家麦克里兰认为：成就动机就是与自己所特有的良好的或优秀的标准相竞争之下，个人所学习而来的一种追求成功的需要或驱动。美国心理学家阿特金森则进一步着重研究了成就动机的实质，发生发展及测定，他认为：当人用较高的社会标准评价自己行为的成败时，表现的就是成就动机，它包括追求成功和回避失败两个部分。美国心理学家奥苏贝尔认为成就动机主要由三种内驱力组成：认知内驱力，自我提高内驱力和附属内驱力。

我国最早研究成就动机的杨国枢先生认为，成就动机是“与内在或外在优秀标准相竞争的冲动”而在林崇德等编纂的《心理学大辞典》中将成就动机定义为“努力追求卓越、以期达成更高目标的内在动力和心理倾向”，是人类的一种社会性动机。

参考心理学家的理论，我们认为成就动机是指驱动一个人在社会活动的特定领域力求获得成功或取得成就的内部力量，是人们追求高目标，完成困难任务，竞争并超过他人的人格力量。在行为上，它表现为一个人对自己认为有价值的、重要的社会或生活目标的刻意追求。

（二）成就动机经典理论

1. 麦克里兰社会成就动机理论

麦克里兰将成就动机解释为“竞争”与“优秀标准”，即在具有某种优胜标准的竞争中对成功的关注。他最早考察了文化与社会成员的成就动机之间的关系，他指出社会的成就需要先于该社会的经济增长，而这个成就需要本身又受该社会的各种文化和亚文化因素的影响。

麦克里兰把人的高层次需求归纳为对成就、权力和亲和的需求。他对这三种需求，特别是成就需求做了深入的研究。

成就需求，即争取成功希望做得最好的需求。麦克里兰认为，具有强烈的成就需求的人渴望将事情做得更为完美，提高工作效率，获得更大的成功，他们追求的是在争取成功的过程中克服困难、解决难题、努力奋斗的乐趣，以及成功之后的个人的成就感，他们并不看重成功所带来的物质奖励。个体的成就需求与他们所处的经济、文化、社会、政府的发展程度有关，社会风气也制约着人们的成就需求。

具有成就需求的人，对工作的胜任感和成功有强烈的要求，同样也担心失败；他们乐意，甚至热衷于接受挑战，往往为自己树立有一定难度而又不是高不可攀的目标；他们敢于冒风险，又能以理性的态度对待冒险，绝不会以迷信和侥幸心理对待未来，而是要通过认真的分析和估计；他们愿意承担所做的工作的个人责任，并希望得到所从事工作的明确而又迅速的反馈。这类人一般喜欢长时间、全身心的工作，并从工作的完成中得到很大的满足，即使真正出现失败也不会过分沮丧。

2. 阿特金森的“期望一价值”成就动机理论

阿特金森1957年提出了“期待—价值”成就动机理论。阿特金森重视冲突的作用，尤其重视成就动机与害怕失败之间的冲突。他指出，每个人身上都有两种相互冲突的动机趋向，一种是追求成功的动机，另一种是避免失败的动机。个体的行为倾向是动机强度、对行为目标的主观期待概率以及诱因价值三因素的积函数。

趋向成功的趋力（T_s）由三个因素决定，用公式表示为：$T_s=M_s\times P_s\times I_s$。$M_s$是指追求成功的动机强度，$P_s$是指对成功概率的主观估计，受到自身经验、对他人经历的观察及竞争等的影响；I_s是成功的诱因价值。

避免失败的趋力（T_{af}）由三个因素决定，用公式表示为：$T_f=M_{af}\times P_f\times I_f$。$M_{af}$指回避失败动机强度，$P_f$是对失败概率的主观估计，受过去相似任务的经验，对他人做同类工作的了解及对竞争估计的影响；I_f指失败的诱因价值。

阿特金森认为，个人取得成就的行为倾向是追求成功的趋力和避免失败的趋力的合力：即$T=T_s+T_f$。阿特金森于1964年又提出，人们对于任务的逃避倾向还可以通过施加外在的诱因（如金钱、荣誉等）来加以克服，他将这些因素称为非成就导向因素（T_e），于是，一个人追求成就的行为倾向就可以表示为：$T=T_s+T_f+T_e$。

3. 韦纳成就动机归因理论

归因理论是指说明和分析人们活动因果关系的理论，人们用它来解释、控制和预测相关的环境，以及随这种环境而出现的行为，因而也称“认知理论”，即通过改变人们的自我感觉、自我认识来改变和调整人的行为的理论。1958年，美国心理学家海德正式提出归因理论。韦纳及其同事在1972年发展了海德的归因理论。韦纳认为，人们可以把行为归因于许多因素，但无论什么因素大都可以纳入内因–外因、稳定–不稳定这两个方面的4大类中（表5）。

表5　成就归因的四个主要原因

控制点 / 稳定性	内部	外部
稳定	能力	任务的难度
不稳定	努力	运气

能力，根据自己评估个人对该项工作是否胜任。

努力，个人反省检讨在工作过程中曾否尽力而为。

任务难度，凭个人经验判定该项任务的困难程度。

运气，个人自认为此次各种成败是否与运气有关。

韦纳按以上各因素的性质，分别纳入以下三个维度之内：

（1）控制点（因素源）

指当事人自认为影响其成败因素的来源，是以个人条件（内控），抑或来自外在环境（外控）。在此维度上，能力、努力两项属于内控，其他各项则属于外控。

（2）稳定性

指当事人自认为影响其成败的因素，在性质上是否稳定，是否在类似情境下具有一致性。在此维度上，能力与工作难度两项是不随情境改变的是比较稳定的，其他各项则均为不稳定。

（3）可控性

指当事人自认为影响其成败的因素，在性质上能否由个人意愿所决定。在此维度上，四因素中只有努力一项是可以凭个人意愿控制的，其他各项均非个人所能控制。

二、创业成就动机

（一）创业成就动机的内涵

所谓创业成就动机，就是指大学生进行创业活动时渴望成功、追求卓越的积极心理状态，是推动创业者不断努力并最终取得创业成功的心理基础。

面对创业过程中的问题，大学生的心理反应无外乎两种，一是积极主动地克服、努力，追求好的结果的心理；二是害怕失败，缩手缩脚，消极被动地处理和解决问题。第一种反应无疑是保证创业成功的心理基础，它也是创业成就动机的集中体现。

从麦克里兰的社会成就动机理论看，创业成就动机意味着创业主体不是一般性追求创业目标的实现，他对自身要求严格，对目标的追求不仅是经济利益上的实现，还要求目标实现保证一定的社会效益。从阿特金森“期望–价值”成就动机理论看，创业成就动机意味着创业主体要不断强化自身对创业成功的渴望，并随着创业进程实时调整自身的创业成功的期望值，并适时以避免创业失败为参照，不断调整自己的创业目标。从韦纳成就归因理论看，创业成就动机意味着创业主体遇到困难或问题时，在归因上需要把握好内部因素与外部因素的平衡点，既不能妄自菲薄，也不能把出现问题的原因全部推到外部因素上。需要说明的是，上文中所论述的任何一种经典理论，都只是观察考证创业成就动机的一个角度，我们认识创业成就动机要把握其核心内涵：即大学生对创业成功的要有坚定信念，不因困难和问题而发生动摇。

（二）创业成就动机的分类

按照创业成就动机产生的来源可以分为外在成就动机和内在成就动机两类。二者相比，内在的成就动机更为重要，它对支撑大学生创业的不断发展作用更为持久。

所谓外在的创业成就动机是一种由他人或外在因素推动大学生追求创业的心理。在现实社会中不少创业者是因为没有实现就业愿望，或者工作岗位不理想，而被动选择创业的。这种在外在压力之下开展的创业活动很容易失败，原因就在于创业主体成就动机被动性较强，很容易抱着试试看的态度，或者赌一把的态度去创业，那一旦创业处于困难状况，创业者就有可能放弃。比如，某些大学生为了达到父母或女朋友的要求或者为了得到社会的认可而努力创业，一旦外界的推动力量不存在了，某些创业者就可能会中止自己的创业行为。

所谓内在的成就动机是一种大学生自觉追求创业成功的动机，具有这种动机的学生往往能够为自己确立一个奋斗目标，激励自己不断努力达到目标。在这一过程中，创业无须别人的监督、鼓励，能够持之以恒地通过自己的努力达到目标。这种内在的成就动机具有稳定性和持久性，特别是具有较强的自我约束力和自我激励作用。

三、创业成就动机对创业行为的积极影响

成就动机是促进创业成功的动力源泉。弄清创业动机，是回答了为什么创业，而创业成就动机则是保证创业活动持续进行的动力源泉。创业对大学生来说，是人生从未有过的经历，由于创业者自身的能力与实力、创业环境的不确定性、创业企业管理的复杂性，创业过程必然呈现复杂、曲折的特点，没有对创业成功的强烈渴望，没有对实现创业理想的坚持，当大学生面对问题，没有强烈追求成功的欲望和心理，那问题的处理和解决就会变得拖沓，创业者也可能面对一个小问题或小困难就会放弃创业。如果这种状况频繁的发生在创业者身上，那最终的创业成功与否会是一个大大的问号。

成就动机提升创业的终极价值。创业成就动机强度的不同，则创业者的心态便会不同，面对事情的态度与处理事情的执行力都会受到影响。创业成就动机水平较低的情况下，创业者往往会把创业成功仅仅定位在赚钱上，让自己和家人的生活过得更好些，这样的创业可能经受不住严峻的考验，也可能不会持久，一旦创业者有了钱之后，或者一旦赚不到钱之后，可能就会丧失前进动力，会令创业者功亏一篑。一个具有较强成就动机的大学生，他会在创业过程中一直思考，如何通过自己的努力，去创办那些创新型企业，使自己创业项目在实现自我梦想的同时，也能为社会的发展做出自己的贡献。

第三节　巩固创业成就动机

稳定牢固的创业成就动机，是对创业动机的进一步升华，是保证创业顺利发展的强大心理动力。巩固创业成就动机，仅靠自我认知还不够，还需要一定的策略。

一、确定适合自己的创业目标

如果当一个人在成就动机形成的初期能够确定一个适合自己情况的奋斗目标，往往就会对其以后的行动成功提供一个良好的基础。如果成就动机标准过高，超出了大学生的能力和水平太多，他们可能就会由于受挫而失去追求成功的信心，或产生逃避失败的心理。所以，强化自身创业成就动机，确立适合自己的创业目标至关重要。

创业目标是指创业者在创业过程中努力争取达到的预期结果。创业目标的内容包括三个层次：一是选择创业方向，确定干什么；二是确定创业方法，准备怎么干；三是确定具体目标，明确创业达到的预期结果。大学生长期生活于校园环境中，创业的最初创意多与自己的学习生活密切关联，但创业不仅需要创意，它是一个多种要素综合作用的结果。在大学生创业起步阶段，确定适合自身的创业目标，这样才可能避免因为创业目标定的过高而造成不必要的创业压力。

首先，创业目标要胸怀理想并切合实际。所谓胸怀理想就是大学生对创业目标的价值追求，一定要树立远大的志向。但目标高远不代表不切实际，而是一个清晰的能够完成的目标。当只有清晰目标时，才能知道自己要什么、自己需要怎么干，就好比一场战役，连战略部署都不清晰，那要如何打赢这场战役呢？远大目标清晰化，并不是一朝一夕可以办得到的，更不是动动脑筋就能解决的。有一部分创业者曾经清楚地知道自身的目标，但是在一段时间后可能会因创业实践而变得模糊。所以，创业目标的明确并不是一劳永逸的，它需要在创业实践中进一步明确。

对于缺乏足够社会经验的大学生来说，拥有创业的热情是必要的，但在确立创业目标时既要根据自己的经济状况和经营能力，又要考虑社会需要及状况。腾讯公司创始人马化腾认为创业不要一开始就设定宏伟目标，而是把目标放到最低，事情是一点点细致做出来的。只要埋头过完自己的坎，自然会有人分心落后。他曾说“不能指望说要做10亿元或多少亿元，如果我们当初这样想早就死了。这会左右你每一步动作，接下来你会发现很多细小的事情都不做了，看到服务器有问题也不紧张，老想着10亿元、100亿元怎么搞，那就完了。”

其次，创业目标要易于操作。只有能够达到做到的目标才能称得上真正的目标，才是有意义的目标。不能实现的目标就好比镜中花水中月一样中看不中用。因此，只有那些易于实现操作的目标对于大学生更具有意义。创业目标的易于操作需要符合以下要求：①创业目标内容要具体明确；②短期目标和长期目标要根据实际情况相结合；③在规定时间内完成目标任务；④做任何事情必须要留有余地。

二、对创业问题进行合理归因

创业遇到问题时，大学生肯定会寻找原因，以便加以解决，同时以便于维护自我心理健康。但如果归因不当的话，也可能会降低大学生创业成就动机水平。大学生可以采用美国心理学家韦纳归因理论的三个维度（基本内容见本章第二节）对创业中的问题出现原因进行分析探讨。

对内部归因与外部归因等要素要进行客观公正的分析。任何创业问题的出现都必然是自我因素与外在因素交织在一起的结果。面对问题时，不能完全把创业中的问题都归因于纯粹的内部因素或纯粹的外部因素，如果单纯归因于内部要素，忽视外部因素，那不利于寻找解决问题的实际办法，久而久之可能会严重削弱自我创业成就动机；而完全归因于外部因素，自我改进的动力不足，那大学生再遇到类似问题时，能力储备不足，会耽误问题的解决效率，创业成就动机同样也不会被强化。在内外归因时，大学生要保持客观理性，二者都要进行分析，并得出综合性结论。

坚持稳定性因素归因倾向。大学生应该把创业问题归因于稳定性因素，比如个人能力，这会使大学生能对创业问题的解决结果有合理的预期。反之，进行非稳定性因素归因，把创业中出现的问题与外界环境的影响、运气的好坏等挂钩，就很难产生对创业问题成功解决的合理预期，容易把问题解决寄希望于外部因素的变化，个体的努力就会被削弱，进而影响大学生创业成就动机。

坚持可控制性因素归因倾向。大学生应该把创业问题归因于可控制因素，比如自己的努力程度，这样创业中的问题解决后，会强化自己的创业成就感；如果把创业问题归因于不可控制因素，比如运气，解决创业中的问题时，自我控制感就会降低，大学生对解决创业问题的信心会受到外界因素干扰，解决问题后的心理满足感也会降低。

三、增强创业自我效能感

自我效能感理论最早是由美国著名的心理学家班杜拉提出来的，他认为自我效能感就是指个体在特定环境中从事某种工作行为的自信程度，简单来说，就是“我能行”。自我效能在很大程度上指个体对自我有关能力的感觉，同时指人们对自己实现特定领域行为，如充满挑战性的目标时所需的信心或信念，并付出必要努力去实现的一种特质。它决定了人们是否能够正确选择活动并坚持下去；影响人们面对困难时的态度；影响人们对新知识和新能力的习得效果；影响人们进行活动时的情绪。从内涵上看，它与人的成就动机密切相关。一个人的自我效能感越强，其成就动机水平就会越高。

对于大学生来说，创业自我效能感就是指他们在进行创业的过程中，根据对相关任务或行为的各种信息进行评估之后，对自我创业能力形成的一种知觉或为达成创业目标而具有的信心。从创业心理学的角度来分析的话，创业自我效能感可以分为两大类，即与创业内容有关的自我效能感和有关创业行为过程的自我效能感。自我效能感应用到大学生创业实践中去，它可以帮助大学生克服创业中的畏惧困难心理，强化对创业成功的渴望，进而强化创业成就动机。

增强创业自我效能感，大学生首先要主动参加各类创业实践活动。可以参加学校所组织的模拟创业活动，在模拟的创业经历中获得更多的成功经验；可以参加创业大赛，在和其他大学生的比拼中积累创业体验；进行暑期创业实践，不断丰富自己的创业经历。其次向创业榜样学习。一般来说创业榜样的经历，会发挥一定的示范性作用。看到与自己经历相近的人通过坚持努力而成功，会加强大学生的成功信念。同理，看到创业榜样的失败经历，会使大学生降低对本身效能的评价，降低遇到创业问题时挫折感水平。特定条件下创业榜样的经历还可能为大学生提供解决创业问题的思路。最后在创业过程中要坚持问题导向，不断总结教训和经验以便以后遇到相似或相关问题时能够举一反三，这样自我能力就可以在不断积累中得以提升。

第十章 创业人格

创业教育，是创业知识的教育，更是创业“人”的教育，创业“人”的培养尤其离不开创业者人格的塑造。翻开人类成功史的长卷，任何人的创业成功都离不开环境和机遇，但最根本的因素之一在于自身素质的高低，在于是否具有非凡的人格魅力。个体的聪明才智作为一种智力品质，只是一种创业的潜能，而潜能的实现有赖于人格因素的参与，人格是影响个体潜能发挥的最重要因素。只有具备突出创业人格的创业者才能将创业技能得以淋漓尽致的施展，使真正的创业设想从构思变为可能。

第一节 创业人格及价值

创业人格，作为一个复杂的系统，是对创业者心理特点的一种总体概括，是当前大学生创业成功的心理保证之一。

一、创业人格的内涵

人格作为社会科学的专门术语，从人格的系统结构上看，它包括三个层面上的涵义：第一，从社会层面看，是指个体在与社会互动过程中所表现的最具有社会意义的思想和行为，即一个人的理想、信念、道德、情操、涵养、世界观、人生观、价值观等；第二，从个性层面看，是指个体个性心理特征，包括气质、情绪、情感、兴趣、性格、意志、感觉、愿望等；第三，从智能层面看，包括一个人知识、智力、能力、创造、精神等。人格是决定人的独特行为和思想的个人内部的身心系统的动力组织，是个人区别于他人的固有特质。

这里采用的是个体层面上的内涵。所谓人格是指个体在行为上的内部倾向，它表现为个体适应环境时在智力、情绪、兴趣、态度、价值观、气质、性格和体质等方面的整合，是具有动力一致性和连续性的自我，是个体在社会化过程中形成的具有个人特色的身心组织。

创业人格是指个体在进行创业活动时所表现出来的相对稳定的心理特点，是个体确立创业计划、实施创业行为、最终实现创业成功等各个环节不可缺少的心理品质。它是创业者或创业倾向者明显不同于非创业者及无创业倾向者的心理特征的总和，它是决定创业者独特的创业行为和思想的内部身心系统的动力组织，是影响一个人能否创业成功的关键性心理因素。

二、创业人格内容

（一）健全的自我意识

人认为自己是怎样一个人，比他真正是怎样一个人来得更重要，因为每个人都是按照他自己认为是怎样一个人而行动的，换句话说，人应具有健全的自我意识。自我意识健全的人，首先他是一个有自知之明的人，能进行正确的自我评价，清楚自己的优势和不足；其次，他的自我认识、自我体验和自我控制高度协调；再次，他应该是积极的、自我肯定的、独立的不依附于他人的、并与外界保持一致的；最后，应该一个是理想自我与现实自我统一的人，有积极的目标意识。

（二）巩固的内在心理控制源

内在控制源理论是由美国心理学家朱利安·罗特提出来的。内在控制源是指人们对行为或事件结局的一般性看法，这种一般性看法包括两种成分，一是外在性，二是内在性。心理控制源的内在性指的是人们相信自己应对事情结果负责，即个人的行为、个性和能力是事情发展的决定因素；而心理控制源的外在性则指人们认为事件结局主要由外部因素所影响，如运气、社会背景和其他人。

创业是成功和失败交替出现的一种行为，有些学生遇到挫折和失败总是怨天尤人，埋怨机遇不好、任务太难，而不从自身寻找原因；有些学生有相似的经历时，却会冷静分析自己存在的问题，总结经验教训。试想一下，如果个体把创业成功和失败均归于外在的原因如运气，那么个体就失去了对自己和环境的控制。可想而知，创业也不会成功。因此，具有巩固坚实的内在心理控制源被许多学者认为是创业者应该具备的心理品质之一。

（三）情绪稳定性

遇事沉着冷静，给人稳健之感，更容易得到别人的信任和尊重。一个人如果很容易烦恼焦虑，或者经常被失败的恐惧折磨，那么这个人将不适合管理一个企业。情绪稳定性对工作绩效有显著的影响，尤其是对于创业这样时刻充满压力的过程，拥有高情绪稳定性的个体更能够肯定自己，更能从积极的角度思考问题，并对自己的创造性工作感到满意，很少会感到气馁。低情绪稳定性的个体则表现为焦虑、不安、悲哀和喜怒无常。因此，高情绪稳定性是创业者的优势所在。

（四）容忍不确定性

事实上，创业活动本身是一项具有不确定性的活动，也是一项考验人意志的活动。不确定、不一致、不完整、模糊性、矛盾性等情况在创业过程中均有可能出现。个体能否承受和如何承受这种不确定，将是创业成功与否的关键。当不确定的情境出现时，有的个体因承受不住这种不确定带来的压力，草率地处理和解决问题；也有一些会以耐心的态度，等待情境明朗化后再做出决定，即对不确定情境有较强的容忍度。这种容忍不确定性本质就是对陌生情境的容忍和探索。与很多具有明确工作内容的就业岗位相比较，创业的工作内容需要创业者具有更强的不确定容忍性。

三、创业人格对大学生创业的价值

（一）有利于巩固大学生自主创业的需要和热情

具有明显创业人格特点的大学生，他们对创业需要的认知更全面，对创业成功的成就性动机水平更高，他们创业的目标指向性更加明晰，专注度更加集中，面对创业的未知过程，他们的内心信念更为坚定，对自己自主创业的需要更加清晰，对创业项目的投入更为热情和持久。

反之，创业人格缺失的创业者，他们的创业目标往往不是建立在正确的认知自我基础之上，而是建立在自己的一般性主观欲望之上，一旦创业困难就会以退缩性行为作为心理防卫机制，对创业的投入热情很容易消失，甚至放弃自己的创业目标。

（二）有利于弥补大学生创业过程中的能力与知识的不足

当代被喻为知识爆炸的时代，知识的更新呈现加速度状态，任何人即使一生除了学习什么也不做，也只能学会全部知识的九牛一毛。所以，大学生只能在某一领域有特长。围绕自己的特长进行创业，这需要大学生具备比较好的创业人格。因为只有具有完善的创业人格，大学生才能在正确认知自我的基础上，承认自己的不足，尊重、容纳他人，那他才能主动借助外力帮助自我创业成功。比如创办微软公司的比尔·盖茨上大学时学法律，并不精通程序设计，但他能容纳、尊重那些程序设计专家；当初创办雅虎公司的杨致远不懂经营管理，但他聘请了有名的经理人来从事公司的日常经营管理，所以微软、雅虎成功了。

现实中，部分创业的大学生在某技术领域或某项技术确有专长，甚至有精深而高尖的研究成果，但缺乏经营管理的知识和能力，但他们既全面负责技术开发，又从事公司的日常经营管理，很少有人聘请有经营管理能力的经理来从事日常经营管理，最终创业失败。究其原因，都与他们创业人格修养不够有关，与他们最终不能正确认知自我，过分相信自我能力有关。

第二节 成功创业者人格特质

不是所有具有创业人格特点的大学生创业者都会成功，创业人格只是促进创业成功的基础性条件。成功的创业者不仅具备一般意义上的创业人格，他们往往还具有不同于一般创业者的人格特质。分析成功创业者的人格特质，对于大学生创业人格的养成具有借鉴意义。成功的创业者大多具有如下人格特质：

一、有眼光

每个人的一生都会遇到各种各样获得财富的机会，但能够把握住的人很少，所以说“市场上永远不缺少机会，缺少的是发现机会的眼光”。眼光是一种先知先觉的预见能力，一种对财富和商机的敏锐洞察力。比如，比尔·盖茨在计算机还是庞然大物的时候能够预见到20年后许多家庭的桌上有一台小巧便捷的计算机，巴菲特能在股市大跌“别人恐慌的时候贪婪”。有眼光的人能够站得更高，看得更远，把握住大的趋势，更早地明确自己的目标，不在乎别人的反对和议论，不计较眼前利益的得失，不拘小节，不求完美，果断决策，因而实现了人生价值的最大化。

二、善用资源

整合资源的能力从本质上讲是一种经营能力，而不是具体的专业技能，其着眼点在于用人而不是被人用。创业成功者尤其善于创造并使用人际关系，在与人互惠共赢中实现自身利益的最大化。善用资源是创业成功者最核心的能力，它能够巧妙地把各种创业要素整合到一起，创造性地解决各种瓶颈问题，进而满足顾客需要，自己获得财富。

创业需要资金、技术、人际关系等条件，但并不是全部具备这些条件才可以创业。创业路上的成功者往往不是那些条件好的人，而是善于调用资源为我所用的人，所谓“拥有资源不如善用资源”。比如，社会上有音乐学院毕业的大学毕业生在家闲着找不到工作，也有很多家长想让孩子学音乐找不到老师，一个不懂音乐的创业者看到这一市场需求，借钱以加盟的形式办一所古筝培训学校，一边聘老师，一边招学生，很快挣到了属于自己的“第一桶金”。这就是最简单的通过整合资源来创业的例子。再比如，提到创业遇到的阻碍，许多大学生反映最多的是缺乏资金，把不能创业归因于缺钱。其实他缺少的不是资金，而是融资能力，看看那些创业成功的人，大多都有缺少资金的经历。只不过这些成功的创业者用自己的决心、态度、能力赢得别人支持，而一般人让自我设限的想法捆住了手脚。

三、耐挫力强

耐挫力，是指个体对挫折的可忍耐、可接受程度的大小。也就是人们适应挫折，抵抗和应对挫折的一种能力。成功的创业者遇到挫折的耐挫力较一般人要强得多。

创业过程是一连串的矛盾、问题、麻烦事，资金匮乏、人才流失、产品质量出问题、竞争对手出招、市场环境突变等，经不起挫折打磨的人总会在创业路上半途而废。很多企业家在真正创业成功前，往往要经过数次失败。美国有资料统计，百万富翁的平均破产率达到 5.6 次。因此有人说，在创业的路上“折腾是检验人才的唯一标准”，没有一次次商海中的起起落落，就不会有逐步提高的对市场的把握和认知能力，也就不会有后来的成功。创业是一个摸索的过程，只有那些能够忍受屈辱、不屈不挠的人才能走到成功的终点。当别人都放弃的时候，你依然能够坚持，四面楚歌的时候能咬牙坚持再往前走一步，胜利就在山穷水尽后的柳暗花明中，即所谓“剩”者为王。耐挫力强源于自己一定能成功的信念，对自己创业选择的高度自信，坚信只要站着不倒，就有赢的机会。相比之下，很多创业者缺乏耐力，没有能够在正确方向上坚持到底，最后只能在看到别人成功时后悔不已。

四、诚实守信

阿里巴巴的创始人马云曾说“我还是坚信，诚信是有价值的，是可以变成钱的”。当前市场经济已进入诚信时代。作为一种特殊的资本形态，诚信日益成为创业者的立足之本与发展源泉。这种诚实守信的品质，也是众多成功创业者所坚守的底线。

【案例故事】李朋超，杭州品忆琴行创始人，目前在下沙拥有三家门店，25名员工，670余名学员，年营业额近150万元。李朋超大学时期就是一个“不安分”的学生，除了学习，他还卖海报、兜售平安果、销售电动车等。这些看似杂乱的打工经历，却在他的心里深深埋下一颗“创业”的种子。一次，琴行的供应商在发货时多发了6把吉他，总价6000元。厂家业务员小李焦急万分打来电话让李朋超先不要去提货，因为厂家正准备要退货。小李本人受到老板责备，要罚扣当月奖金。李朋超得知情况后，决定按单全收，并第一时间将多发的6000元货款打给厂商。李朋超的这一举措，赢得了厂商的高度信任，在之后的合作中，每一样乐器厂商都给了优惠价，年内订单金额达10万元还返3个点。（摘自中国高校之窗）

【案例启示】创业过程是一个多因素相互作用的过程，除了必备的物质条件外，个体的创造性活动、一定的人际交往都是不可缺少的因素。人是具有社会性的，人的创业活动离不开社会和他人的支持与合作，离不开必要的人际交往。与他人的合作与交往过程中，如果待人以诚，信守诺言，则可以赢得别人的信赖，赢得他人的帮助、合作与支持。创业是谋求经济利益的活动，创业中的诚信往往与利益联系在一起，在利益面前能否保持诚信是考验。

最后，要特别指出的是，并非每样关键性特质都具备的人才能创业成功。观察那些创业成功者就会发现，他们和普通人一样有这样或那样的缺点，只不过他们身上一定有某种关键性特质异常突出，只要有突出的优点压过缺点就足以让创业成功。所以，大学生创业者不必害怕自己的缺点，更不必担心自己没有成功创业者的这些特质，只要大学生在创业过程中积极寻找自己的优点，并把自己的优势发挥出来，一定会取得创业成功。

第三节 创业人格修养

众所周知，人格教育是一种关乎人的灵魂的教育，不可能是纯粹的人格知识的传授。人格作为个人区别于他人的独特心理的综合表现，不可能在短时间内形成和改变，它需要一个长时间实践磨练的过程。大学生创业者需要以创业人格内容为基础，结合成功创业者的人格特质，不断加强创业人格修养。

创业人格与大学生自身的心理素质养成密切相关，在日常的学校生活中，情绪的稳定性、巩固的内在心理控制源等要素可以通过心理教育课程来学习相关技巧。而其他要素更多要依靠自身的修养来完成。

一、培养健康的自我意识

创业的过程中会遇到很多失败、挫折，很多时候会出现自我否定。如果这个时候，一个人对自我的评价和自我认知因创业过程中的得失而随时发生改变，那创业就很容易失败。因此，健康的自我意识是应对创业困难、问题甚至是失败的心理基础。

首先，要正确认识自我。大学生只有全面了解自我，知道自己的优缺点才能给自己定位，扬长避短，发展和完善自己，一步一步健全自我意识。每个人都有长处和短处。每个个体都有很多缺点，如果只会一味掩饰，结果就会使自己越来越悲观，总觉得自己一无是处。而当我们试着将自己的心态放开时，才能坦然面对自己的长处和短处，对于长处我们要善于运用，通过创业活动的成就来展示自己，表现自己；对于短处则要勇敢地面对、承认和接受。

其次，要定期认真反省自己，对自己进行客观审视和剖析，找出自己的缺陷和不足并加以改正。大学生是青年群体中文化知识水平较高的一个人群，其自省能力、认知能力较强，接受新知识、新观念更新速度快，可以说，大学生有能力达到较高层次的人格素质水准。加强创业人格修养，最关键的就是自我努力、自我提升，也就是古人常说的“吾日三省吾身”，具体来说就是要对照标准，经常反省自己，看看自己的人格是否符合要求。大学生自身应充分发挥自我认识、自我教育、自我评价、自我完善的作用，自觉从我做起，掌握有效的方式方法，在确立健康、理想的人格过程中确立自我、实现自我、战胜自我、超越自我。此外，要学会听取他人对自己的评价，利用他人的批评来看清自己，从而正确认识自己。

最后，要养成积极健康人生态度。创业是人生的重大决策，创业是事业的根本决战，创业是成败的真正较量，只要一步走错就可能导致满盘皆输。而创业意在开创，没有现成的答案，不存在可以沿袭的老路，一切要靠自己去摸索、要靠自己去闯荡去开拓。要学会坦然面对创业步骤的每一步成功与失败。我们不应因成功而得意忘形，也不会因失败颓废不前。试着让自己接受失败，并从失败中看清自己的缺陷和不足，努力改正。换句话说，我们每个人都是从一次又一次的失败中不断提高自己的。

二、养成容忍不确定性能力

容忍不确定性，就需要不断增强自身的本领，加强对不确定性的判断。这首先需要认知不确定性，增强学习能力；其次要采取相应措施，来把不确定性变为确定性，增强应变能力。

（一）增强学习能力

任何人都不是天生具有创业人格的人，因此需要不断学习。尽管大学生在高校接受过系统的高等教育，知识体系完善，但创业依然是一个未知的过程。创业者在创业过程面对各种压力以及各种问题，没有足够的成长速度是必然被淘汰的，在此意义上，创业者的学习能力是至关重要的。

学习能力是指一个人或一个创业团队的动力、毅力和能力的综合体现。学习能力是把知识资源转化为知识资本的能力。个人的学习能力，不仅包含他的知识总量，即个人学习内容的宽广程度；也包含他的知识质量，即学习者的综合素质、学习效率和学习品质；还包含他的学习流量，即学习的速度及吸纳和扩充知识的能力；更重要的是看他的知识增量，即学习成果的创新程度以及学习者把知识转化为价值的程度。

与创业进程心态变化相对应的，大学生可以参照下列步骤安排自己的学习：起初，被动盲目学习和积累——专注目标直接相关内容——扩大目标外延——理解目标的社会背景和真实必要条件；接下来在尝试、失败、总结、调整的循环中发现缺陷（包括知识、能力甚至目标本身）并改进——领悟隐藏在市场、技术、商业背后的秘密即规律性——有的放矢地学习；最后，形成自己的观点和思维体系——有选择的补充和提升知识水平。在此过程中注重总结提高，才能真正增强和提升创业者的学习能力。

（二）增强应变能力

容忍不确定性，并不是面对不确定性无动于衷，而是依据创业的动态过程进行及时应变。创业路上充满了变化，但这些变化里可能就蕴含着机会，创业者应该注意提高自己的应变能力，这样才能随机应变，也才能把危机转换成对自己有利的机遇。在创业的过程中，归纳起来，变化主要是两种情况：其一是事情变化尚未偏离创业活动的前进方向的阶段；其二是事情变化明显偏离创业活动的前进方向的阶段。面对各类变化，大学生要根据创业的发展变化审时度势地作出机智果断的应变。但是，应变必在不抛弃原则的前提下，根据客观事物的不断变化而提供的一切可能条件，尽可能采取科学灵活的应变对策，做到你变我也变，从而最终达到预定的目标。

所谓应变能力，是一种根据不断发展变化的主客观条件，随时调整创业行为的难能可贵的能力，它是复杂的创业活动对一个人的素质提出的一条起码的要求，也是确保创业活动获得圆满成功的一个先决条件。培养应变能力，主要是培养如下几方面能力：一是修炼敏锐的洞察能力。这是一种敏锐、迅速、准确地抓住问题要害的能力。正确地发现和提出问题，是成功地解决一半的问题。所以，创业者要能洞微烛隐，敏锐地识别创业过程中的各类问题。敏锐的洞察能力是创业者提高应变能力的前提。二是提高准确的判断能力。这是创业者对发生的事件进行辨别、分析，根据事件的性质和形式的不同在短时间里做出准确的判断，从而把握事件趋势的能力。创业者面对突发的问题情况，必须具备准确的判断能力，在准确判断的基础上，建立起决策的整个支持系统。判断准确的基础是掌握真实情况、具有丰富的知识储备和对问题的准确理解，这意味着创业者在做出任何决策前，必须审查分析所有的事实。要掌握获取信息的先进手段，同时避免信息失真。准确的判断能力是施展应变能力的基础。三是提高科学的思维能力。创业者科学的思维能力，是以科学的理论为指导，运用现代科学思维方法和手段，正确认识创业活动的特点和规律，形成科学、正确决策，合理高效地实现创业目标的过程。

三、修炼自己的眼光

眼光既是一种与生俱来的灵性，也与后天的学习有很大关系。个人的生存环境、视野，特别是接触的人和经历过的事，对人的眼光形成有很大影响。修炼自己眼光，如同修炼自己的道德品德一样，需要大学生在学习中思考，在实践中主动学习。总之，锻炼自我眼光，要求大学生有“读万卷书，行万里路”的志向。

修炼自己眼光，一是眼光要超前。创业是一种创新活动，做什么之前一定要想好未来这个社会会向着什么样的方向发展，未来是一个怎样的商业结构，商人靠什么方式去赚钱，那么10~20年后自己能够在这样的体系中扮演什么角色。如果只考虑眼前，没有超前的眼光，亦步亦趋地去模仿别人，那创业失败的几率就很大。这种超前的眼光，需要大学生学习知识时视野要开阔，紧盯时代发展的脚步，并善于进行总结思考。二是眼光要远大。这就考虑自己的创业时，不仅要考量个人利益的实现，个人理想的实现，还要把自己的创业与国家民族的命运紧紧联系在一起，勇于承担对中华民族复兴的责任。有了远大眼光，对创业理想的追求的动力才会更充足，对创业项目的判断也才能与国家发展趋势、社会的要求联系起来，创业项目在未来发展的空间才会更大。

四、锻炼善用资源的能力

从资源角度看，创业是整合利用各类资源的过程。大学生修养利用资源的能力，要从如下几方面入手：

首先，要明确创业资源有哪些，这种认知需要大学生在创业实践中去锻炼，每个大学生的具体情况各不相同，自己可以利用的资源自然也各不相同。但这些资源都具有共性，那就是它与大学生创业相关，同时大学生通过自己的努力能够把这些资源纳入自己的创业活动中来。

其次，必须注意对资源的利用效率。对于大学生创业者来说，相关资源总是有限的，资源利用要将有限的资源投入到最能够实现战略意图的相关领域。此外，要针对创业中的关键点，集中使用相关资源，达到突破创业关键点的目的。

最后，要注意整合相关资源。系统论认为，局部最优不能保证系统最优。整合资源的目的就是使现有的资源相互配合与协调，使之达到整体最优。比如，在创业团队中，有的团队成员善于营销，有的团队成员善于管理，有的团队成员善于技术研发，将这些人整合到一起，就能实现创业项目的最佳运行状态。

五、耐挫力培养

正确认识创业中的挫折，减弱挫折感。适度的挫折可以产生增力作用，给人以勇气与力量，催人奋进，激励人们不畏困难、奋力前进，去实现目标。大学生要认识到创业中的挫折是改进创业项目，促进创业项目完善的机会，每一次挫折的克服，都是创业迈向成功的一小步。只要我们善于从挫折中总结经验，那我们的创业就会越来越顺利。

确立适宜的创业预期，改善挫折压力。心理学研究表明，学生抱负水平（对事情努力结果的预期）的高低与变化受个人所获得成败经验的影响。对此，大学生可以通过创业模拟训练，体验认知创业的艰巨性和复杂性，认知创业没有捷径可走，树立创业必然要经受创业过程波折的观念，创业一定需要付出辛勤劳动的观念，以此来塑造大学生对创业的合理预期，从而为面对挫折做好心理准备。

进行逆境尝试训练，积累抗击挫折的经验。心理学研究表明：生活经历是影响耐挫力高低的重要因素之一。对于大学生来说，生活经历相对顺利，挫折遇到较少。进行挫折教育，可以借鉴拓展训练的方式，有目的地去尝试克服一些“逆境”，完成有适当难度的任务，继而尝试挫折，在克服困难的过程中磨炼意志、掌握战胜挫折的方法、积累战胜挫折的经验，增强耐挫力。

六、养成诚信品质

养成诚信品质，不是一朝一夕可以完成，大学生在日常生活要有意识的磨练自我，比如考试不作弊，保护公物，诚信待人，诚信学习等。同时，在创业实践中养成诚信品质要注意把握如下原则：

首先，大学生创业者在处理利益关系时，始终要做到君子爱财取之有道，始终做到不为了利益而背弃诚信。具体来说就是当遇到利益冲突时，大学生需要综合考虑眼前利益与长远利益、局部利益与整体利益的矛盾，要有牺牲蝇头小利而赢取长远利益的决心，换言之，面对利益抉择要有大格局、前瞻性。比如，当发现自己的产品和服务出现瑕疵时，不因顾客是否知晓而故意去掩盖，而是采取主动承担责任的做法。

其次，大学生创业者尽全力履行相关诺言，不能随意更改承诺。对内而言，守诺关系到整个创业团队的团结合作，大学生创业者对团队成员的诺言实现程度，关系创业团队的凝聚力；对外而言，能否履行对其他合作者的诺言，关系自身在对方心目中地位，关系到大学生创业者的信誉，关系到自己能否持续取得对方的良好信任。不断实现诺言的行为展现，他人才会感觉你是个遵守诺言的人，但是只要你有一次不守诺言，其他人就会认为你是一个不守诺言的人。因此，大学生创业者对团队成员和他人的承诺要深思熟虑，不要轻易许下诺言，盲目的许诺，而又完不成许下的诺言，会对创业者的信誉造成巨大影响，一次两次他人还可以理解，但是时间一长，就会对于自身信誉造成巨大打击。

第十一章　创业团队心理建设

所谓团队，是指互助互利、团结一致为同一目标和标准而坚毅奋斗到底的一群人。任何创业者都不可能单打独斗，都必然会组建自己的创业团队。若想实现创业的目标，促使团队的个人目标和集体目标相一致，最终达到“1+1>2”的效果，就必须加强团队心理建设。

第一节　创业领导者角色心理

每个创业团队都会有领导者，领导者带领团队成员推动创业发展。创业团队心理建设，每一个队员都有其责任，但从建设主体角度而言，创业团队领导者的主导作用更为突出。一个大学生如果是创业团队的领导者，除了要具备一般创业者的基本条件外，还需要具备作为领导者的心理特质和承担领导者角色的能力，并以此为基础推动团队的心理建设。

一、创业领导者的心理特质

领导者的心理特质水平，会感染并影响其他创业团队成员的心理。与创业这项充满风险与挑战的活动相联系，一般认为作为创业团队的领导者要具有信心、希望和乐观、韧性等心理特质。

（一）信心

信心，即人们对自己产生特定水准的，能够影响自己创业行为能力的信念。经验告诉我们，创业失败很大原因在于难以克服创业初期的各种困难，缺少应对风险的信心。而领导者的“信心”对于整个团队的信心具有引领作用，它是搞好团队心理建设的基础性特质。具体来说，这种信心是领导者所展示的对创业成功的信心，是相信能超越自我、相信团队成员的心理状态。这种心理状态，会通过领导者的行为表现为其他团队成员起到示范作用。

（二）希望和乐观

希望是一种目标导向的思维，它包括个人对自己有能力达到的有效途径的认知和信念。乐观是不论顺境、逆境都能从内心保持着积极向上的精神状态。希望与乐观相辅相成，两种心理相互作用，相互影响。

乐观是对未来充满希望的乐观，希望是面对困难或问题充满乐观的希望。如同英国著名生物学家达尔文所说，乐观是希望的明灯，它指引着你从危险峡谷中步向坦途，使你得到新的生命新的希望，支持着你的理想永不泯灭。如果团队成员能够对创业发展的未来充满希望乐观，创业团队前进动力就会更加充足。这种希望和乐观是建立在对创业发展的客观评判基础之上的，这种评判要靠领导者领导团队来进行。领导者富有希望与乐观的心理，就一定会进一步强化以实现创业目标为导向的意志力、执行力，也一定会积极想办法解决创业过程中的困难和问题，并对创业发展评判持一种正面、积极评价，从而向团队成员传递一种积极向上的心理。

（三）韧性

韧性是指个体面对逆境、危险、威胁或其他重大压力时坚持努力不放弃的一种心理状态。创业环境的稳定总是相对的，随着创业项目的发展，周围的客观环境也会发生改变。同时，由于社会主义市场经济的快速发展，环境中影响创业发展的不确定性情况也会时有发生。如果创业团队成员，因为这种不确定性而恐慌甚至是恐惧，那创业团队的效率就会大大降低。拥有高心理韧性特质的领导者，一般不会因为外在因素变化而慌乱，也不会因为创业一时的挫折而放弃，他一定会引导成员之间相互扶持，查找原因，共同商议应变方案，为团队成员的努力指明方向，从而坚定创业团队成员继续奋斗的意志。

二、领导者的角色心理能力

领导者作为团队的领导者，不一定要是全才，但具备了领导者角色能力，就能够较好地凝聚团队力量，推动创业的成功。领导者在团队心理建设中的作用，可以打个比方来说明：如果有一车沙从一座高楼顶上倒下，其结果是地面没有多大的变化，如果能把这车沙变成一整块石头，则地面将砸出一个很大的坑。领导者所主导的团队心理建设作用就是把沙变成石头的组织过程。

（一）维护团队成员健康心理的能力

构成创业团队最重要的因素是人员因素。团队能否最终获得成功，能否达到目标，很大程度上取决于人员的表现。因此，关注团队成员的心理，属于领导者的一项基本能力。

领导者要根据不同创业阶段调适团队成员心理。一般来说，一个新兴企业从创建到成熟通常需要经历五个时期：种子期（或概念期）、早期、发展期、晚期和成熟期。相应的，对于创业团队来说，创业发展可以划分为创业前期、初创期、稳定期和发展期等不同的创业阶段。在不同的创业阶段，维护创业成员心理健康的方式也存在差异。创业团队领导者应该清晰界定自身所处的创业阶段，并根据创业阶段的不同实施相应的管理行为。

创业前期，没有产品或服务，没有销售和利润，此时维护团队成员的心理健康要求领导者不断强化创业团队的共同目标或愿景，以此来吸引团队成员；创业初创期，创业团队遇到的困难和问题会比较多，团队成员的抱怨、急于求成、信心不足等消极心理容易出现，领导者要及时与团队成员进行沟通，帮助团队成员进行心理调适；创业稳定期，已有开发完成的产品或服务，且产品或服务已推向市场，此时创业项目的运行相对顺利，团队成员的进取心容易受到削弱，领导者要注意进一步激发团队成员的自我效能感，可以采用拓展训练、对抗辩论等方法训练团队成员的积极进取精神；创业发展期，伴随着创业项目进一步发展壮大，团队成员容易产生骄傲自满的心理，面对创业中的问题容易出现麻痹心理，领导者要以身作则，以剖析创业发展期的问题为基础，加强与团队成员的针对性沟通。

此外，作为领导者还要关注团队成员中具有神经质特点的个体。神经质象征着个体情感的调节过程，反映个体体验消极情绪的倾向和情绪不稳定性。具有明显神经质特点的人比普通人更加的容易焦虑、忧郁、愤怒、伤心、紧张，总是会突然情绪低落恶劣起来又突然恢复正常。具有高神经质特点的团队成员更容易对创业困难或问题表现出更多的负面情绪。对此，领导者除了自己要加强学习，注意观察团队成员之外，还可以引入专业心理人员对相关团队成员进行教育和培训，及时干预团队成员负面心理。

（二）积累有效沟通的能力

领导者领导创业团队行动，需要凝聚团队成员力量，发挥团队成员的特长，这就要求领导者与团队成员进行有效沟通。这样才能主动采纳他人的建议或意见，才能防止团队努力方向的失误。

1. 进行有效沟通，领导者必须有平等观念

领导者作为团队的领导者，不能有高高在上的心理。如果总是依据角色优势，用组织制度约束其他团队成员，总是要求团队成员对创业团队的忠诚，要求他人对自己负责，忽视其他团队成员与自己彼此之间就是一种平等的契约关系，那创业团队成员之间的有效沟通就很难达到，进而妨碍创业问题的解决。再有，领导者作为创业团队的灵魂，如果极端自负，听不进好的建议，看不到自己的不足，遇事不愿意和团队其他成员进行沟通，做什么都是独断专行，一拍脑袋就来，那这样的领导者就会很快被团队成员所抛弃。作为领导者，要始终明白创业成功靠的不是外在物质力量，靠的是众人拾柴火焰高，平等待人才能真正凝聚创业团队的力量。

2. 进行有效沟通，要掌握沟通的基本原则

一是要明确沟通的目的。领导者与创业团队其他人员的沟通，必然有一定的目的。如果目的不明确，就意味着自己也不知道说什么，自然也不

可能让别人明白，也就达不到沟通的目的。二是要明确沟通的对象。出现困难或问题，并不一定与所有的团队成员有关，可能仅仅与个别或部分成员有关，因此，选择合适的沟通对象，领导者必须做到心里有数。三是要掌握好沟通的时间。任何一个个体总会有自己的情绪。领导者与团队成员沟通，除了要照顾自我的时间外，还要关注团队成员的时间。比如，急于与正在忙着处理工作事务的团队成员商量事情，那效果就会大打折扣。

3. 进行有效沟通，要求领导者掌握沟通技巧

学会倾听。成功的沟通总是起于倾听、终于回答。倾听是尊重对方表达权的应有姿态，是交往中的基本修养，更是营造和谐气氛、实现深度沟通和准确把握对方观点的前提条件。要懂得欣赏和赞美对方的优点，学会运用风趣幽默的语言和智慧，赢得对方的悦纳。

善于表达。提高语言表达的针对性、准确性、逻辑性和艺术性，做到简洁明快、幽默风趣。创业者通常多种事务缠身，时间总不够用，必须节省时间、提高沟通效率，所以，简洁、明快、准确的表达方式更加适用。

恰当反馈。要善于换位思考，准确领悟对方的需求、意图和情绪状态，给予恰当的共鸣和反馈，要注重非语言因素和形体语言的运用，要热情有度，注重表意达情的方式方法。反馈时要善于求同存异，不可舍本求末，或偏离主题。

【案例故事】美国知名主持人林克莱特一天访问一名小朋友，问他说：“你长大后想要当什么呀？”小朋友天真地回答：“我要当飞机的驾驶员！”林克莱特接着问：“如果有一天，你的飞机飞到太平洋上空所有引擎都熄火了，你会怎么办？”小朋友想了想说：“我会先告诉坐在飞机上的人绑好安全带，然后我挂上我的降落伞跳出去。”当在现场的观众笑的东倒西歪时，林克莱特继续注视这孩子，想看他是不是自作聪明的家伙。没想到，接着孩子的两行热泪夺眶而出，这才使得林克莱特发觉这孩子的悲悯之情远非笔墨所能形容。于是林克莱特问他说：“为什么要这么做？”小孩的答案透露出一个孩子真挚的想法：“我要去拿燃料，我还要回来！”

林克莱特如果在没有问完之前就按照自己设想的那样来判断，那么，他可能就认为这个孩子是个自以为是、没有责任感的家伙。但孩子的眼泪使他继续问了下去，也才使人们看到了这是一个勇敢的、有责任心、有悲悯之情的小男孩。（摘自中国证券网新浪微博，2016年5月21日）

【案例启示】作为领导者，很容易犯这样的错误：在别人还没有来得及讲完自己的事情前，就武断地打断他人的话，然后按照自己的经验大加评论和指挥。反过头来想一下，如果我们不是领导，那还会这么做吗？打断他人的语言，一方面容易做出片面的判断，另一方面使团队其他成员缺乏被尊重的感觉。时间久了，其他人再也没有兴趣向你反馈真实的信息。反馈信息系统被切断，领导就成了“孤家寡人”，在决策上就成了“睁眼瞎”。所以，与团队其他成员保持畅通的信息交流，将会使创业团队的运行更加顺利。

第二节　塑造团队精神

团队不仅强调个人的业务成果，更强调团队的整体业绩。每一个创业团队都类似于一个大家庭，每一位成员都仅仅是其中的一分子，每个人单独可以做好的事情很少，而且效率和质量都极低。但如果几个人组成一个团队，就可实现协同合作，从而使整个创业团队的战斗力得以提高。因此，把塑造团队精神作为团队心理建设的目标，对于创业团队来说十分重要。

一、团队精神的内涵

团队精神是团队成员的大局意识、协作精神和服务精神的集中体现。团队精神的核心是奉献，它代表着团队成员为求得创业目标成功不断付出的工作动力。团队精神的关键是协同合作，最高境界是全体成员的向心力、凝聚力。

团队精神的基础是尊重个人的兴趣和成就。团队精神的形成不会要求牺牲团队成员的自我，反之，在团队生活中更强调团队成员挥洒个性、健康成长，更加鼓励团队成员各自发挥自己的长处，协同合作。团队精神发挥作用，就是希望在保证整个团队完成任务目标的同时也能帮助团队成员实现自己的价值和目标。

团队精神的精髓是承诺，团队成员共同承担集体责任。没有承诺，团队如同一盘散沙。做出承诺，团队就会齐心协力，成为一个强有力的集体。它表现为团队成员对团队的强烈归属感，每个团队成员都能感受到自己是团队当中的一分子，对团队忠诚，对团队的成功感到自豪，对团队的困境感到忧虑。

二、团队精神的功能

功能指事物或方法所发挥的有利作用。团队精神作为创业团队文化的体现之一，是指引导团队成员确立行为目标的准则，是凝聚团队成员力量的黏合剂，是规范团队成员行为的精神力量。

（一）目标导向功能

团队精神作用之一，就是能使团队成员齐心协力，共同朝向一个目标努力。目标能够起到凝聚人心的作用，建立起所有团队成员共同认可的目标，就能将散漫的个体从精神层面有机连接起来。创业之路曲折，明确清晰的目标能为规范团队成员的行为方向提供标准。如果团队成员能够把团队目标内化为自己的信念，那么他就能知道自己的行为结果是否有利于目标的实现，也就能不断矫正自己的行为，而不至于走偏。但是，如果团队成员对创业成功的最终目标的认知很模糊，那团队成员很容易按照自我认知来规划自己的行为，有可能导致工作方向的偏差。

（二）凝聚功能

团结合作、众志成城，能使团队每个成员都能感受到紧密结合的就是凝聚力。强大的凝聚力则是推动创业团队克服困难的巨大动力。团队精神会鼓励团队成员不断追求进步，力争向团队中最优秀的成员看齐。这种你追我赶的竞争状况，会激发每个团队成员的使命感、归属感和认同感，进而会凝聚所有团队成员的力量。

（三）控制功能

团队精神的控制功能，是通过团队内部所形成的一种观念的力量、氛围的影响，去约束规范，控制团队成员的个体行为。例如，团队成员每一个人都为团队目标努力奋斗，加班加点的工作，在这样的团队工作氛围影响下，即使有偷懒想法的团队成员，也会约束自己的行为。这是因为受周围人的影响，久而久之，形成习惯。可见，团队精神的控制并不是直接控制团队成员的行为，而是影响控制团队成员的价值观，进而调控团队成员的行为。

三、塑造团队精神的策略

（一）确立有效的团队目标

对于每一个创业团队来说，创业目标从技术上说应是“有效目标”。因为，目标很容易确立，但如果无效的话（即目标不具有理想性和操作性），反而会损害团队精神的塑造。此外，在管理学上，有一个“不值得定律”，核心内容是：不值得做的事情，就不值得做好。这个定律反映出人们的一种心理。一个人如果从事的是一份自认为不值得做的事情，往往会保持冷嘲热讽，敷衍了事的态度，不仅成功率小，而且即使成功，也不会觉得有多大的成就感。所以，创业团队必须确立“有效目标”，形象地说就是“跳起来，够得着”，意思是创业目标要具有一定的挑战性、一定的高度，并且是经过一定的努力才能完成的，这样才能真正起到引人向上，不断奋斗的激励作用。

【案例故事】一群老鼠吃尽了猫的苦头，它们召开全体大会，商量对付猫的万全之策，最后是一个老臣子出了一个主意：给猫的脖子上挂个铃铛，只要猫一动，就有响声，大家就可事先得到警报躲起来。这一方案得到了一致的赞同。但是，在执行的时候出现了问题，因为没有任何一只老鼠能够并敢于将铃铛系到猫的脖子上。至今，他们还在争辩不休，不相信这样的好主意不能执行下去……

【案例启示】给猫系上铃铛，是老鼠们要达成的目标，也许是最好的解决问题的方法，但它却超出了任何老鼠的能力，无法执行和实现。再好的目标，如果无法实行，就不具有有效性。目标再美好，再令人向往，但没有实现的必要条件，那就只能属于一种幻想。以此类推，创业目标实现的前提，就是该目标能激发所有的团队成员去努力拼搏的斗志，并且具有实现的可操作性。

（二）提升团队成员的合作意识

团队心理建设的精髓就在于“合作”二字。所谓团队合作意识是指团队和团队成员表现为协作和共为一体的特点，团队成员间能够相互依存、同舟共济、互相敬重、彼此宽容和尊重个性的差异。

团队领导者要带头鼓励合作而不是竞争。美国总统肯尼迪曾说：“前进的最佳方式是与别人一道前进”。成功的领导者总是力求通过合作消除分歧，达成共识，促进正螺旋效应的形成（正螺旋效应是比尔·盖茨在其著作《未来之路》中提出的概念。它是指一个成功推动另一个成功，并从此形成良好的上升态势）。

（三）发挥团队成员的主人翁精神

个人与团体的关系就如水滴与大海的关系，只有把无数个个人的力量凝聚在一起时，才能确立海一样的目标，敞开海一样的胸怀，迸发出海一样的力量。个人的发展什么时候也不能离开团队的发展，个人的追求必须与团队的追求相一致，并树立与团队风雨同舟的信念，才能和团体一起得到真正的发展。因此，塑造团队精神要积极发挥团队成员的主人翁精神。

要鼓励团队成员积极参与相关问题的解决。当然，创业团队内部会进行一定的分工，每个团队成员都会有自己的工作范围。但当创业遇到问题时，团队成员不能做一个旁观者，而是要主动参与，积极献计献策，积极参与解决方案的讨论，这样才能进一步增强自我的归属感，并能够赢得其他成员的尊重。

要尊重团队其他成员。发挥主人翁精神，不能异化为主人心态。当和其他团队成员交往时，要客观评价对方的言行。不能以居高临下的态度，去随意批评甚至是指责他人。团队成员都是平等的，团队内部的任何人都有发表意见和建议的权利，任何人的自尊都应该受到保护。

第三节　开发团队成员心理资本的路径

心理资本就是个体在成长和发展过程中表现出的一种积极心理状态。它将成为继传统的金融资本、物质资本、知识资本及人力资本与社会资本之后最具竞争优势的一种资本。

学术界关于心理资本的概念存在三种观点：一是特质论，认为心理资本是个体人格特质，具有耐久性和相对稳定性；二是状态论，认为心理资本是一种心理状态，这种状态能够导致个体积极的组织行为，从而获得较高的工作业绩；三是综合论，认为心理资本是一种同时具备特质性和状态性的心理素质的总和。这里采用状态论概念，通过开发团队成员的心理资本，不仅可以巩固团队成员持续为团队目标努力的心理状态，也会进一步提高团队成员的心理素质，还可以提升团队心理建设的整体水平。

一、塑造促进心理资本开发的团队氛围

团队氛围是指在一个团队中逐步形成的，具有一定特色的，可以被团队成员感知和认同的气氛或环境。团队氛围直接影响团队成员的工作态度和行为，进而对团队产生影响。良好的团队氛围有赖于团队成员信任感的建立。

在创业团队内，我们常常观察到这样一种现象，当创业遇到困难或问题，大家在总结原因时，很容易将原因归结到某一个人身上。当某人受到指责时，他的第一反应就是为自己做辩解。因而，常常会为了到底谁之错的问题，到底该谁负责而争论不休，于是相互间产生越来越激烈的争吵。本来是事与事之间的矛盾导致了人与人之间的纠纷，因而相互隔阂、排挤，造成了人际矛盾，最终使工作受到了影响。究其原因，主要是团队成员缺乏足够的信任感。

信任，是一种心理状态。随着彼此互动的增加，相互之间的了解加深，从而使得模糊的心理状态逐渐变得清晰，产生明确的信任或者不信任。培育创业团队成员之间的信任感：一是要增强信任，二是要防止出现不信任，避免信任转变为不信任。信任感一旦产生裂痕而变成不信任就很难缝合。

建立相互之间的信任感，需要每个团队成员都必须接受“信任是团队心理建设的基石”的理念，并自觉行动起来。一是主动承担团队所分派的任务。只有这样才能让周围的其他人认识自我，当团队和其他团队成员遇到问题或困难时，才会主动向自己咨询；二是当自己搜集到关系创业发展的重要信息时，要及时与创业团队的其他人相分享，以便于领导者和团队其他成员能及时准确做出决策；三是当对团队和团队其他成员的决策有意见时，要开诚布公地与他人进行交流。

二、巩固团队与团队成员之间的心理契约

“心理契约”由美国著名管理心理学家施恩提出。他认为，心理契约是个人将有所奉献与团队欲望有所获取之间，以及团队将针对个人期望收获而有所提供的一种配合。它虽然不是一种有形的契约，但它确实又是发挥着一种有形契约的影响。心理契约体现的是组织与成员之间在责任与义务两个要素之间的相互期望，是双方在工作关系中权利和责任关系在心理层面的约定。

“心理契约”的无形约定能使团队成员与团队之间在动态的条件下

不断保持良好关系，充分把自己视为个人价值的主体，将个体的发展充分整合到创业团队的发展之中。作为大学生的创业团队要依据这种精神和理念，把一般习惯做法的“管理—服从”心理模式转化为“管理—合作”的心理模式，把巩固心理契约作为团队成员心理资本开发的重点。

（一）在创业团队组建初始要传递真实信息以构建牢固的心理契约

组建创业团队，是构建心理契约的重要开端。这需要团队领导者和团队成员共同努力，相互传递真实信息。一方面，创业团队领导者如果不能实事求是地与团队成员沟通创业项目的实际情况，就容易使团队成员对创业成功产生不切实际的幻想。一旦创业项目开始运作，与团队成员所得到的信息相差太大，就有可能极大挫伤团队成员的工作积极性，甚至会产生心理落差，严重的话可能会退出创业团队。另一方面，想进入创业团队的个人，也需要认真考虑自己的创业动机，自觉与创业团队目标进行比对。否则，有可能会造成自己的创业动机、创业期望与创业团队的最终目标相隔甚远、个人价值观与团队价值观的碰撞，结果是进入创业团队后，理想与现实产生了落差，个体本性与团队精神不符合，影响了自己的工作积极性，有可能会给创业团队造成一定的损失，自然也就无法达成团队与个体之间的默契与和谐，更谈不上心理契约的建立。

（二）在创业团队运行中修正和维护心理契约

在创业团队内部，团队与团队成员虽有相互矛盾的一面，但更重要的是又存在着一种利益“共生”的关系。当团队成员进入创业团队后，对创业项目的兴奋、幻想、热情都会慢慢淡化，他面对的是具体工作，此时团队成员会对与团队之间的心理契约进行一个新的认识和评估。修正和维护心理契约，可以通过团队与团队成员的双向沟通来进行干预，一方面团队领导者要随时了解团队成员对创业团队运行问题的反馈，并关注、回应团队成员对创业团队整体运行的心理期望；另一方面，团队成员也要全面了解创业团队对自己的期望以及其他成员对自身存在问题的反应。团队领导者要根据双方的期望与存在的问题，及时有效地提供团队运行改进方案，使团队运行的问题得以解决，增强双方的相互理解，形成融洽的心理契约关系。

（三）建立以人的能力为本的团队文化

以人的能力为本的团队文化，指的是创业团队的文化价值观应建立在注重团队成员的能力充分发挥这一基石之上，团队的运行和创业活动都围绕如何正确发挥团队成员的能力旋转。文化作为一个环境中人的“共同的心理程序”，健康向上的团队文化能在团队中创设出一种奋发、进取、和谐、平等的工作氛围，为全体成员塑造强大的精神支柱，形成坚不可摧的生命共同体。建设以人的能力为本的团队文化，实现人尽其能，人尽其用，高效开发团队成员的能力与潜力，一定可以给达成与维持“心理契约”创设良好的氛围、空间，增强团队成员的工作热情与信念，激发团队与团队成员共同信守“心理契约”的自觉性。

建立以人的能力为本的团队文化，首先要有效界定能力的内涵。能力可以分成三类：完成任务的能力，即做好某一工作有关的能力；协调能力，是有关与其他人交流、良好协作及满足他人需求的才能；管理能力，具体与管理、培养、引导团队成员有关。其次要善用创业愿景。创业愿景，是创业初期或者说还没有开始创业对结果的一个期望值。 运用创业愿景非常重要，这有助于决定人们的奋斗目标。愿景将带来更多的可能性，给团队成员带来更多的希望，激励团队成员追求更高、更好的目标。在这一过程中，团队的能力将会得到极大提升，得到团队成员的尊重，从而促进创业项目的顺利进行。

三、完善心理资本开发的保障制度

心理资本开发，要求创业团队必须有目的、有计划、有组织的进行，而建立相关制度则是最基础的保障措施。制度是指创业团队内全体成员必须遵守的行为准则，它包括团队的各种章程、条例、守则、规程、程序、办法和标准等。制度尽管属于刚性规范，但它可以贯彻心理资本开发的基本要求，通过规范团队成员行为来强化其为创业目标努力的心理状态。

首先，要建立技能培训与心理培训相结合的培训制度。由于创业团队面临着一个环境变革的时代，团队成员相关专业技能需要不断加强更新，才能适应新的形势，这是开发团队成员心理资本的基础。如果一个团队成员不能跟上团队发展的步伐，他必然就会有一种挫败感，更为重要的是他自身的自我效能感就会大大降低，从而影响自己的心理状态。技能更新只是解决了事实认知问题，价值认知还需要进一步调整，心理状态的调整也需要与技能更新相适应，所以技能培训必须与心理培训紧密结合。

其次，建立相应的激励制度。大学生参加某一个创业团队，最基本的需要如生存需要可以通过工资、福利等方式加以满足，而创业团队对自我才华认可、工作业绩肯定等高层次需要必须靠相应的精神激励制度来保障。创业团队建立精神激励制度时，要对团队成员的需要、目标、兴趣、职业生涯期望、工作价值观进行细致的了解，在激励机制的构成上，应多设计满足心理较高层次需求的方法，如提倡参与式管理，满足团队成员心理上被信任的需要等。

第十二章　创业不良心理及应对

许多大学生对自己即将启动创业项目充满自信，总是对未来有一种美好的憧憬和向往，会拼尽全力和用饱满的热情来对待即将到来的事业，这是值得肯定的。创业实践开始后，随着具体事务的展开，大学生的心理状态会有一定的起伏变化，需要结合创业实践进行心理调适。

第一节　创业风险及其心理影响

创业风险是指由于创业环境的不确定性、创业机会与创业企业的复杂性，创业者、创业团队与创业投资者的能力与实力的有限性而导致创业活动偏离预期目标的可能性。创业会遇到风险，一般大学生创业者都会认同这一点。在实际的创业实践中，创业顺利开展，忽视潜在风险的心理容易让创业风险的后果加重。

一、认知创业风险

创业风险可能来自创业的任何一个要素，也可能出现在创业发展的任何一个阶段。

（一）缺乏创业技能导致的风险

现实许多案例告诉我们一些创业失败的项目，往往都是管理方面出了问题，其中包括决策随意、信息不通、理念不清、用人不当、忽视创新、急功近利、盲目跟风、意志薄弱等。一些大学生创业者虽然技术出类拔萃，但理财、营销、沟通、管理方面的能力普遍不足。这些大学生创业者眼高手低，当创业计划转变为实际操作时，才发现自己根本不具备解决除技术以外其他问题的能力，这样的创业无异于纸上谈兵。特别是某些大学生创业者知识单一、经验不足、资金实力和心理素质明显不足，更会增加在管理上的风险。

【案例故事】一位杰出的科学家到银行借贷创业资金，但他说不清产品的市场在哪里，也未曾接触任何可能的潜在客户。这位科学家认为做市场调查并不必要，只要产品功能优异，顾客自然就会上门。结果，尽管他有高明的创意和高科技产品，银行还是没有贷款给他。（摘自总裁网）

【案例分析】孤芳自赏，是许多创业者的通病；不知道市场在哪里，是创业者的最大缺陷。一个创业者如果不能从市场的需求来客观地审视自己的成果和创意，如果不能客观地论证自己将遇到的风险因素，想到的只是成功，那么等待他的只能是市场的“惩罚”。

（二）资金风险

资金风险在创业初期会一直伴随在创业者的左右。是否有足够的资金创办企业是创业者遇到的第一个问题。企业创办起来后，就必须考虑是否有足够的资金支持创业项目的日常运作。对于初创企业来说，如果连续几个月入不敷出或者因为其他原因导致创业项目的现金流中断，都会给创业项目带来极大的威胁。相当多的创业项目会在创办初期因资金紧缺而严重影响业务的拓展，甚至错失商机而不得不关门大吉。另外如果没有广阔的融资渠道，创业计划只能是一纸空谈。

【案例故事】许小姐一门心思想做老板。经过7年的努力工作和省吃俭用积蓄了一笔资金，其中10万元做了注册资金，5万元用于流动资金。她认为，个人创业必须有丰富的工作经验。所以在过去的工作中，她总是分内分外的事全都抢着干，从不计报酬。尤其是经营方面的事，她更是竖着耳朵听，目的就是为了多学点本事，为自己开公司做准备。另外，她认为个人创业必须有一个好的项目。她选择了一个当时的朝阳项目——房地产租赁咨询。

2009年底在办齐所有手续后，门店终于开张，她勤勤恳恳努力工作，但她怎么也没想到，最初的3个月几乎没有生意，直到第6个月才稍有收入，可生意很不稳定，半年来，她赔了3万元。她开始动摇了，觉得自己是在靠天吃饭，靠运气吃饭。她认为做生意不应该是赌博，肯定是哪儿弄错了。她不想再这样干下去了，她认为不能等到这15万元都赔光的时候才行动。她要去弄明白问题到底出在哪里。第7个月她关掉了公司。

【案例启示】导致许小姐失败的原因很复杂，首先一条重要原因就在于她没有考虑资金流动性问题，资金对于创业者来说十分重要。其次一条是没有考虑到创业的政策风险，她的事业之所以没起色，还在于在当时国家加大力气调控房地产，二手房市场也受到了极大冲击。因此，创业成功首要考虑资金流动性的问题，并及时关注与创业项目相关的国家政策。

（三）竞争风险

在创业领域有红海蓝海之说。红海是说明该创业领域已经非常成熟，竞争激烈。如同海水中巨兽小鱼们厮杀得血满大海，优点是：相应的人才招募、市场环境、规则都非常清晰。缺点是竞争压力大，项目易被对手跟进，消费习惯形成对创新提出更大考验的同时，对创业项目的规模以及产品的市场占有率都有更高要求；蓝海则是反过来，还没有多少资本和竞争者跨入。创新潜力大，缺点是市场也没有形成，要自己培育市场。

寻找蓝海是创业的良好开端，但并非所有的创业项目都能找到蓝海。更何况，蓝海也只是暂时的，所以，竞争是必然的。如何面对竞争是每个创业者都要随时考虑的事，而对新创企业更是如此。因此，考虑好如何应对来自同行的残酷竞争是创业项目生存的必要准备。

【案例故事】老李是个下岗职工，现在在一家公司里当司机。老李开店不容易，因为是个下岗职工，还拖家带口，所以从资金和心理上，老李都有很大压力。在权衡许久之后，老李看上了一个投资小、回报快的项目——风味灌汤包。虽说店面不大，但投资也不少，房租、设备、原料、员工，还有学习技术的费用，林林总总加起来也花去三四万，为了开店，除了把自己的储蓄拿出来，老李还向朋友借了一万多的外债。但不管怎么样，老李总算是把自己的店开起来了。开张的一个多月里，老李的生意好得不得了，可能是因为有风味小吃的诱惑，老李的店每天都是顾客盈门，可是就在这一个多月内，风味灌汤包的小吃店如雨后春笋般出现在太原的大街小巷，没过几个月，老李小店前的顾客数量明显减少，老李在朋友的建议下，在小店里也开始卖其他风味小吃，但生意还是没有多大的起色。

在连续亏了两个月后，老李的店就关门大吉了，老李说他还了外债之后，赔了一万多元，对一个下岗职工来说，这并不是个小数目。老李失败后，没有再选择创业，而是选择给别人打工，老李说，给别人打工虽说赚得少些，但心里踏实。

【案例启示】老李的失败原因很显而易见——没有做好市场调查和市场预测。选择创业项目一定要有自己的特色，老李的失败是在项目选择上，他选择的项目没有很大的市场潜力，同时该项目也已经有些市场饱和，缺乏发展潜力。

二、对创业风险认知不足所导致的不良心理分析

创业风险是客观存在的，大学生创业者由于对创业风险认知不足，所诱发的不良心理很容易招致更大的风险。这种心理作用来自无形，却有强大的毁灭力。这些不良心理有：投机的心态、侥幸心理、试试看的心态、过分依赖他人、回本的心理等。有投机心理的创业者，在创业遇到困难时，很容易作出中断创业的决定，从而使得前期的投入毫无回报；有侥幸心理的创业者，在解决创业问题时，很难付出全部精力，很容易导致创业失败；有试试看心态的创业者，意志力不够强，解决问题的动力不足；过分依赖他人的心理，让创业者在面对创业决策时，容易瞻前顾后，优柔寡断，容易错过发展的重大机遇；回本的心理，会导致创业者判断的短视行为，即只顾眼前不顾长远，这样容易让创业发展失去后劲。

第二节　创业过程中的典型不良心态及克服

心态具有一定的稳定性，创业者心态一般是积极向上的，但有部分大学生创业者由于应对创业困难或问题的心理准备不足，心理素质又不过硬，很容易出现不良心态。

一、创业消极心态

（一）创业消极心态的表现

创业初期，许多大学生都充满了饱满的热情。他们渴望通过自己正在从事的事业赢得荣誉、金钱和更好的生活，他们对自己、对未来充满着信心，他们有无尽的精力投入到工作当中。这个时候的他们，无疑是非常积极的。

但是，随着时间的流逝，有些大学生创业者的情绪开始慢慢低落下来，原因多种多样，比如每天工作十几个小时，得到的效益没有达到自己理想预期，各方面的事情都要自己出面处理，对创业项目未来的发展不确定感觉增强。压力之下，一部分心理素质不好的大学生创业者容易出现消极心态。

消极心态的心理背景下，大学生在遇到创业问题或困难时，比较容易出现拖延处理问题的情况或者逃避问题处理的情况，进而会影响创业项目的顺利发展。

【案例故事】郑女士和崔女士同样在市场上经营服装生意，她们初入市场的时候，正赶上服装生意最不景气的季节，进来的服装卖不出去，可每天还要交房租和市场管理费，眼看着天天赔钱。

这时郑女士动摇了，她以赔了3000元钱的价钱把服装精品屋转让了出去，并发誓从此不再做服装生意。而崔女士却不这样想。崔女士认真地分析了当时的情况，觉得赔钱是正常的，一是自己刚刚进入市场，没有经营经验，抓不住顾客的心理，当然应该交一点学费；二是当时正赶上服装淡季，每年的这个季节，服装创业者都不赚钱，只不过因为他们会经营，能够勉强维持收支平衡罢了。而且，崔女士对自己很有信心，知道自己适合做服装生意。果然，转过一个季节，崔女士的服装店开始赚钱。

三年以后，她已成为当地有名的服装创业者，每年有5万元的红利。而郑女士在三年内改行几次，都未成功，仍然穷困潦倒，一筹莫展。（摘自网易enpengtian_69的博客）

【案例启示】美国潜能成功学家罗宾说，面对人生逆境或困境时所持的态度，远比任何事都来得重要。美国成功学学者拿破仑·希尔认为人与人之间只有很小的差异，但是这种很小的差异却造成了巨大的差异。很小的差异就是所具备的心态是积极的还是消极的，巨大的差异就是成功和失败。事物都有其两面性，问题就在于当事者怎样去对待它们。上面提到的郑女士只看到赔钱的一面，而看不到将来会赚钱的发展前景，不能以积极的态度去分析事物；而崔女士的态度则是积极的，她更多地从将来的角度看待当前的不景气，所以，她能顶住压力，坚持到成功。可以说，积极的态度和消极的心态会直接影响创业者的成败。

（二）克服消极心态

在创业过程中，大学生随时都会碰到困难和挫折，甚至还会遭遇致命的打击。有的人因为打击而跌倒，有的人以这次打击为激励。能否克服消极心态对于创业成功与失败有很大的影响。

创业者要树立失败是正常的意识。失败为成功之母，要从挫折中吸取教训。克服创业过程中的消极心态要做到以下几点。

一是注重对创业目标进行实时调整。随着创业实践的深入，尤其是当大学生面对创业中的困难或问题时，大学生自然会对创业目标难以实现产生压力。如果自身心理素质不够过关，消极心态就容易出现。此时，改变消极心态，积极克服困难、解决问题是一条途径，然而有时候困难或问题本身超越了大学生的能力，甚至不具备解决的现实条件，这个时候一味坚持原有目标反而会阻碍大学生的前进。如果此时对创业目标进行调整，这样可以避免一个不能实现的创业目标带给大学生的压力，通过创业目标的调整与现实相符，从而让大学生及时从消极心态中摆脱出来。

二是学会宣泄。当遇到创业中的烦恼、不痛快、甚至是失败的挫折时，不要闷在心里而要找有关的人、自己的朋友或亲人倾诉。即使他们不一定找得出好的解决办法，自己说出来也是一种释放，于身心有益。长期强制压抑情绪，会使内心的体验变得更加强烈，从而有可能导致心理疾病。俄罗斯有这样一句名言：一个欢乐两个人分享，欢乐就变成两个；一个痛苦两个人分担，痛苦就变成了半个。哭也是一种释放聚集能量、调整机体平衡的方式，所以忧愁烦恼时，即使大哭一场也未尝不可。

三是掌握克服消极心理的技巧。比较常用有两种：

转移注意。当我们感到消极时不妨把注意力从消极的心理紧张和焦虑转向其他事物，以淡化或忘记那些令人不快的情绪反应。如心情不佳、忧愁郁闷或发怒时，暂时放下思考如何去克服创业中的困难，可以去大自然中散散步，听听轻松愉快的音乐或是去看看喜剧电影、幽默漫画；或与人聊聊天，参加一些公益劳动，均可以在一定程度上排遣一个人内心的不快。

学会自我安慰。自我安慰又称酸葡萄和甜柠檬作用。酸葡萄作用出自《伊索寓言》，是说饥饿的狐狸因吃不到树上的葡萄，便说葡萄是酸的，吃不得，以此安慰自己。它是人们得不到某物或不及某物而贬低此物的做法。自我安慰法看似消极、愚蠢，甚至可笑，像鲁迅笔下的阿Q，但是它却可以在心理不安、苦恼时进行心理自卫，以求得心理的平衡。创业过程产生苦恼时，适当进行一些自我安慰，这对个体的心理健康有一定的积极作用。

二、克服盲目乐观心理

（一）盲目乐观心理表现

乐观一向被看作是通向成功的关键和必不可少的因素。当创业遇到困难和问题时，大学生常被鼓励要乐观，鼓励其要看到事情光明的一面，用积极的眼光对待周围的一切。“积极”也需要有度，一味乐观会使得创业者看不到即将到来的危险。过分乐观的思维模式会使得创业者渐渐远离了现实。过度乐观就是盲目乐观。这种心理表现在大学生的创业行为上，主要有以下表现：

一种表现是对创业前景盲目乐观，急于求成。对创业过程中所遇到的困难或问题，想法过于简单，往往把创业的困难归结为资金与物力的具体问题。认为只要资金与物力到位，创业就能顺利进行。另外一种表现是认为激情是克服创业困难的法宝，忽视了综合素质与个人潜能对克服困难或问题的基本作用。

（二）克服盲目乐观心理

克服盲目乐观心理，不能仅仅靠心理调节，还需要结合创业的关键步骤进行心理调适。

1. 不能没有准备好就急于创业

创业美好的前景不等于美好的现实，创业是个漫长的过程，大学生需要付出长期努力才能达到最后的成功。面对曲折的创业过程，不仅需要大学生付出大量时间、金钱，还需要付出极大的精力、情感。这需要大学生在创业前做一定的准备，既包括物质准备也包括心理准备，不能因为创业的美好愿望就忽视前期的准备工作。在心理准备方面，大学生需要进一步巩固自己的创业动机，对自己的创业人格进行梳理，并做好在创业中进一步完善自我的心理准备。

2. 创业投资要保持谨慎

创业能否成功有许多条件，这些条件是否具备或能否满足创业的要求，需要在投资前作出检验，比如自己所熟悉的业务、技能，对市场的了解等等。对这些问题要认真分析和评估，如有不确定的因素，就要安排时间去了解学习，了解之后再去投资。在这个过程中，大学生需要保持谨慎心理，不能被投资收益的预期所迷惑，需要咨询相关专家进行决策，不能因为盲目乐观而草率投资。

3. 创业规模不要急于扩张

市场充满无尽的诱惑，但同时也隐藏着极大的风险。创业有了发展后，乐观情绪难免会充斥创业者内心，此时大学生内心会很容易处于过分自信的状态中，这将影响对创业发展的正确选择和判断力。如果此时对创业发展情景没有做进一步的市场调研，仅仅是看到初步发展便考虑创业项目的规模扩张，一旦遇到创业风险，就很容易让创业陷入困境。

三、急于求成的心理

（一）急于求成的心理表现

一些大学生创业者心中总是想做填补空白的创业项目，更快的获得成功，更快的实现自己的目标，急于求成的心理比较明显。渴望成功的心态谁都能理解，但是我们要明白，成就一番事业并不容易，所谓心急吃不了热豆腐，不要一开始就盯着成功不放，要学会潜心修炼。做任何事情都要脚踏实地，一步一个脚印才能逐步走向成功，一口是永远吃不成一个胖子的，急于求成的结果，只能适得其反，结果很可能功亏一篑。

（二）克服急于求成心理

1. 要正确认知创业的曲折性

急功近利是一种主观上急于求成的心理状态，这种心态表现为急于得到眼前利益，急于建功立业，在这种心态下创业，往往不会成功，因为这种主观上急于求成的心理状态与客观上创业自身运行规律相违背。

客观上创业自身运行规律是什么呢？哲学上有个基本规律叫量变质变规律，这一规律讲的是事物的发展变化存在两种基本形式，即量变和质变，前者表现为事物及其特性在数量上的增加或减少，是一种连续的、不显著的变化，这种变化叫渐变，后者是事物根本性质的变化，是渐进过程的中断，是由一种质的形态向另一种质的形态的突变。事物的发展从量变开始，量在逐渐积累，当量变达到一定的程度时，量变就转化为质变，事物的性质发生了变化。创业这件事也是如此，创业成功需要创业者不断努力，不断沿着正确的方向做下去，当努力积累到一定程度才会由量变到质变。

创业应该是一个循序渐进的过程，不能幻想着创业项目很快可以带来效益。如果急于求成，甚至利用违法手段获取利益，那创业就会失败。

2. 要正确认知能力养成的渐进性

创业项目不能很快取得成功，除了外在条件的限制，还有自身能力的制约。在急于求成的心理状态支配下，大学生对创业实践中的自我能力认知，容易产生一定的误区，即认为自身能力能够很快解决遇到的问题或困难。这种观念，恰恰反映了大学生忽视能力养成的渐进性特点。

心理学认为，能力是完成一项目标或者任务所体现出来的素质。它不是一个固定不变的常数，随着人生阅历增加和创业实践的展开，大学生的自身能力会有一个养成、积累的过程。在创业之初，每一个创业者都会多多少少评估一下自我能力，对是否适合创业有一个基本的估计。但创业实践不是一种完全既定、完全预知的过程。因此，创业之初，对自我能力与创业实践的匹配主观认知成分较多。一旦创业实践展开，当遇到困难和问题时，能力不济，就需要大学生再学习再锻炼。在急于求成的心理支配下，大学生很容易只追求成功的结果，忽视能力的养成，不仅可能造成某一个具体创业行为的失败，还可能导致整个创业项目的失败。

3. 要清醒认识影响创业项目的相关要素

社会大环境和特定城市的创业环境是否有利于创业是确定的，但对于具体的创业项目来说，创业环境的总体有利，并不能决定创业一定会成功。创业环境中存在诸多具体要素，这些要素有的可能对创业者有利，也可能不利。只有具体问题具体分析，才能保证创业的成功。否则，只是笼统地认为创业环境有利，就容易产生急于求成心理。

第三节　调适不良心理的总体策略

创业过程的不良心理，很难避免，为此，大学生创业者要结合创业实践，不断调适自我心理。

一、强化风险管控意识

不良心理的出现，往往与创业风险应对不足有关，对此，大学生要强化风险管控意识。

首先，要具备识别风险的意识。发现和识别风险，是为了防范和控制风险。如果创业者在企业未发生损失之前就能够识别风险发生的可能性，那么这个风险是可能被管理的，因此较强的识别风险意识是应对风险的管理基点。这种识别意识，除了学习相关知识外，更需要创业者始终保持一定的警惕性心理。

其次，要有及时处理风险的意识。创业风险的出现是正常的，带来一些损失也是正常的，既不能怨天尤人，也不能骄兵轻敌。如果创业风险出现，甚至给创业带来损失了，创业者不能视而不见，更不能毫无作为。创业者要直面问题，及时处理，亡羊补牢。因为一个风险处理不当，可能会带来另一个风险，甚至带来更大的损失。这里的关键问题是要及时拿出处理方案，密切监视风险，减少损失，化解不利，甚至要尽可能将其转化为有利于创业发展的机会。

最后，要保持对风险的持续关注。创业风险出现一次，并不意味着以后不会出现了。创业风险贯穿了创业的全过程，同时风险具有可变性和相关性特点，所以创业者必须要有持久战的准备，对于风险的管控也将是一个长期的过程。尤其当一个创业风险被成功处理后，创业者风险管控意识不能松懈，需要随时做好应对下一次风险的准备。

二、注重创业心理品质的养成

（一）注重意志品质的养成

第一，树立崇高的理想和志向。创业必须有为实现理想和志向而奋斗的准备，不畏艰难挫折。

第二，将理想和实际工作目标结合起来，在具体工作中严于律己，出色地完成具体任务。

第三，积极参加各种实践活动，如参与确立目标、制定计划、选择方法、执行决定等，参加到整个实践活动中，锻炼意志。

第四，锻炼健康的体魄。积极参加体育活动，是锻炼坚强意志品质的重要途径。

第五，加强意志的自我锻炼，提高自我认识、自我检查、自我监督、自我评价、自我命令、自我鼓励的能力。

（二）培养商业意识

第一，要用心去钻研有关的商业知识。

第二，要在实践中摸清市场运行的基本规律。

第三，要善于观察分析，把握事物的本质。

第四，要善于收集和利用信息。

第五，要积极主动地去寻找和创造商业机会。

参考文献

[1] 中国就业培训技术指导中心/中国心理卫生协会. 心理咨询师（2级2015修订）[M]. 北京：民族出版社，2015.

[2] 王玮，等. 明天的工作在哪里：大学生就业指导与心理调适[M]. 北京：中国宇航出版社，2014.

[3] 耿彦君，等. 大学生就业心理指导[M]. 石家庄：河北教育出版社，2012.

[4] 礼国华. 心理健康教育：阳光心态训练[M]. 北京：中国农业大学出版社，2011第2版。

[5] 汪立夏大学生心理疏导促就业[M]. 北京：中国人民大学出版社，2015.

[6] 韩晓黎. 大学生就业心理调适与就业指导 [M]. 北京：西南交通大学出版社，2014.

[7] 康军，等. 就业前心理培训与指导[M]. 北京：中国物资出版社，2011.

[8] 严建雯. 大学生创业心理研究[M]. 北京：人民出版社，2012.

[9] 别业舫，等. 择业与创业：当代大学生就业教育的理论与实践[M]. 北京：北京大学出版社，2005.

[10] 励骅. 大学生心理学[M]. 合肥：合肥工业大学出版社，2011.

[11] 王新文. 大学生全程就业指导[M]. 南京：南京大学出版社，2011.

[12] 姜晓光. 大学生心理健康与就业指导教程[M]. 北京：化学工业出版社，2013.

[13] 罗四维. 大学生心理保健指导[M]. 北京：人民军医出版社，2013.

[14] 张少飞，等. 大学生就业及创业指导[M]. 天津：天津大学出版社，2013.

[15] 钟谷兰，等. 大学生职业生涯发展与规划[M]. 北京：华东师范大学出版社，2016年第2版.

[16] 许波. 从人格特质论大学毕业生的岗位选择[J]. 荆门：读写算（教师版）：素质教育论坛，2008（7）.

[17] 毕景艳，应三潮. 大学生就业能力提升新途径——自我效能培养[J]. 北京：中国人才，2007（21）.